Business ComicSeries

# まんがでわかる 中村天風の教え

原作 さとうもえ
まんが 鈴本彩
監修 天風会 平野秀典

あさ出版

「人間の健康も、運命も、心一つの置きどころ」
心が積極的方向に動くのと、
消極的方向に動くのとでは、
天地の相違がある。
ヨガ哲学ではこれを、
「心の思考が人生を創る」
という言葉で表現している。

※『運命を拓く　天風瞑想録』
第一章「生命の力」から

中村天風とは、日本の政財界のリーダーたちに影響を与え続けている人生哲学の第一人者です。古くは東郷平八郎（海軍元帥）や松下幸之助、原敬（首相）らの多数の政治家や実業家たち、最近では、稲盛和夫さんらの財界人をはじめ、松岡修造さんらのアスリート、芸術家たちにも影響を与えています。

『まんがでわかる　中村天風の教え』は、中村天風の哲学の真髄を学べる本であり、やや難解だといわれている、中村天風『運命を拓く　天風瞑想録』（講談社、以下『運命を拓く』に省略）の教えを漫画でわかりやすく紹介する本です。

天風哲学には、ビジネスマンはもちろん、人生に悩むすべての人に役立つ教えが詰まっています。ぜひ、運命の扉を開いてください。

私は平河《ひらかわ》里子《さとこ》28歳
はぁ…
求人票
資格を取
求人票
わけあって現在失業中です
私…仕事運ないのかも
今日も面接を受けたのですが…
MS電気 営業アシスタント職
なんで畑違いのうちに来たいと思ったの？
御社は世界的に有名な企業ですのでその一端を担えればと…
うーん
熱意が感じられないんだよね

また飲食店で働いた方がいいんじゃない？
ああ…
上手くいかないなあ…
前の職場は好きで選んだけど
今日も売り上げ最下位だぞ!!
すすみません！
酒場
売上…!!
うまくいかなくて…
SALE
ビール飲み放題
半額セール!!
はあ…
私…
一体何がやりたいんだろ…
ビュウ
きゃっ
あ
バサッ
バサ
履歴書が…

待って～
ひら～っ
よしっ
バシイッ
つかまえた!!
——と

居酒屋？
良さげな雰囲気…
？
何て読むんだろ？
金糸雀
きん…きんいと…
「カナリア」って読むんですよ
びくぅ
えっ
す すみません…
いえいえ
お仕事帰りですか？
え

仕事…
…
仕事じゃなくて面接です…
ず～ん…
?
どうかされましたか?
いえ
何でも…
何で私ばっかり
ぎゅっ…
こんな目に遭うんだろ…
あの…
よろしければ一杯いかがですか?
宇藤《うとう》智《さとる》（48）「金糸雀」店主
えっ
日本酒のお店なんですが…

えっ
日本酒！
ぐうううう…
はっ…恥ずかしっ！
緊張してお昼食べられなかったんだった!!
すすみませんっ
ハハハ
簡単なものですが食べ物もありますよ
まだ準備中じゃ…
支度中
そろそろ開けようと思っていたので

たまには休むことも
必要じゃないですか？
そういえばここずっと飲んでなかった…
じゃあ
ちょっとだけ
どーぞどーぞ
金糸雀
この出会いが─
私の運命を大きく変えていくなんて
そのときは思いもしませんでした

# 主な登場人物

## 平河里子《ひらかわさとこ》（28）

この物語の主人公。大学卒業後、保険会社に就職し、2年前に大手居酒屋チェーンに転職。現在、失業中。北海道生まれ

## 宇藤智《うとうさとる》（48）

居酒屋「金糸雀《カナリア》」の店主。青森県生まれ

## 金糸雀《カナリア》

22年前にオープン。路地裏のわかりにくい場所にひっそりと佇んでいる。でも実は、おいしいお燗のお酒が飲めるお店として日本酒好きに人気

**吉岡由美（39）**

「金糸雀」の常連。飲料メーカーで働いている。日本酒好き。茨城県生まれ

**山田拓郎（30）**

「金糸雀」の常連。区役所で働いている公務員。お酒は好きだがあまり強くない。福島県生まれ

**御手洗《みたらい》雄一郎（67）**

「金糸雀」のオープン時から通っている、古くからの常連。いつも一人で静かにお酒を飲んでいる。謎の多い人物

**沢渡《さわたり》麻由子（44）**

里子が昔通っていた、居酒屋「さわたり」の店主。現在、お店は閉店してしまっている。北海道生まれ

※本書の登場人物や設定等は架空であり、実在のものではありません

まんがでわかる
# 中村天風の教え
目次

Column

## 解説 『運命を拓く』をもっと深く知る

# 第1章

# 心の置きどころ次第で、運命は拓ける

『運命を拓く』第六章「人生と運命」から

金糸雀
初めてなのに なぜか落ち着く
どんな料理が 出てくる んだろう…
お通しです どうぞ

わあっ
野菜がいっぱい入ってる！
「けの汁」といって
青森の郷土料理です
ズズ…
やさしい味がする〜
ほっこり…
いまお燗をつけている「豊盃《ほうはい》」も青森のお酒です
僕、青森出身なんです
何をしてるんですか？
温度を確かめているんです
ユラ
ユラ
人が温泉に入るようにお銚子をお湯につけると
お酒も人間のようにほっこりやさしくなるんです

ト
どうぞ ぬるめに つけました
ありがとう ございます!!
こく…
わあ
ふっくらして ミルクみたい
こんなに おいしいお燗 今まで飲んだこと ないです!
ありがとう ございます お酒は どれもお燗に できますよ
はい!
プハ～～ッ
はあ… 幸せ～

こんばんはー
ガラッ
山田拓郎（30）公務員
山ちゃんいらっしゃい
今日も一番乗り！…じゃない!?
こんばんは
ぺこり
あ
ドキィッ
ど どうも
お…おっ… お隣りいいですか？
ガタッ
どうぞ
山ちゃんは顔に出やすいなぁ

ザワ
ザワ
ワッ
みんな楽しそう
いいお店だなあ…
麻由子さんのとこも
こんな感じだったっけ…
里子ちゃんいらっしゃい
さわたり

見てこれ！
タケさんが
釣ってきて
くれたのよ～
麻由子さん
どうしてる
かなあ…
今料理するから
待ってて！
あの
…初めて
ですか？
えっ？
ハッ
あっ
すみません！
お邪魔しちゃい
ましたか？
わた
わた
いえ
とてもいい
お店ですね
ですよね！
遠くから飲みに来る
人もいるんですよ
この前は
北海道から
へぇ
そんなに
遠くから！

なんてったって
金糸雀《カナリア》のお燗は
日本一ですから!
みなさんも
そう思います
よね
山ちゃん
ほめても
何も出ないよ
えと…
山…?
山田です!!
山田拓郎
山田さん
何を飲まれて
るんですか?
「屋守《おくのかみ》」
東京の東村山
のお酒です
それ
気になってました
おいしいですか?
じゃあ!
一杯
いかが
ですか?
いいんで
すか!
コクっ

わあ
これもふんわりおいし～っ
！
山田さん！
ハッ
は はいっ
お燗シェアしませんか？
いろいろ試したいので
夏の酒
ワハハ…
はいっ！喜んで！
バッ
やったあ♡
山ちゃんほどほどにね

えっと…
まだ飲んでないのは——
え まだ飲むんですか!?
じゃあ
ぼく…も…
あんまり強くないのに飲むから…
ガタ
ポロッ
大丈夫ですか!?
バタ〜ンッ
きゃっ
山田さん!!
トサ…
御守

しばらく寝かせておけば大丈夫
……すみません
う〜ん…
お嬢さん
落とされましたよ
あっ
ありがとうございます
いえ
どういたしまして
にこっ
御手洗《みたらい》雄一郎（67）
「金糸雀」の常連
それ！

○△八幡宮のお守りですか？
はいっ！よくわかりましたね
この前テレビで見たから
御守
若い女性に人気なんですよね
私もテレビで願いが叶うって知って行ってきたんです
お願い
ニコっ
叶うといいですね
……
ギクッ
はい…
願いかあ…

―私…
実は
失業中なんです…
だからいい仕事が見つかりますようにって…
でも…今日も面接ダメそうで…
以前は私…

居酒屋に勤めていたんです
北海道直送の新鮮な魚介類が売りのお店でした
本日は猿払産の活ホタテがおすすめです～
店長
お品書き
魚介類に一番合うのは日本酒ですよね
生もう一杯!!
でもビールを飲むお客さまばかりで…
だから私が店長になってから日本酒推しのお店に変えたんです
でも…
銘柄当てたらもう一杯!!
利き酒クイズセット!
1200円
ビール!
生中ちょうだ～い

全然ダメで…
この在庫どうするつもりだ！
責任取ってくれるんだろうな
すみません必ず何とかします！
きっかけさえつかめれば
売れるはず…
これだっ!!
90分日本酒飲みほーだい!!
よしっ
今度こそ
北海道スタンプラリー！
全種制覇で4合瓶プレゼント！
日本酒を楽しんでもらうための
企画をいろいろ考えました
やっぱり日本酒
ファイナル
日本酒バーゲン!!
上手くいくはず…
頑張ればきっといつかきっと…
日本酒？悪酔いするからいいよ
私も～
日本酒フェアー

でもやっぱり全然売れなくて
私が店長になってから売上は下がる一方で…
ズ～ン
売上
在庫の山
あああ…
売上
店をつぶす気か！
その責任を取って…というか
自分に自信をなくしてしまって
辞めることにしたんです―
辞表
はぁ…

ほんと何をやってもダメで
この先何をすればいいのかもわからなくなってしまって…
何でこんなに
運が悪いんだろう…
それはいけませんねぇ…

え…
自分の力でどうすることもできない運命というのは
そんなにないものですよ
でも私一生懸命頑張ったつもりです！
なるほど…
一生懸命努力をしたのに実らないとき
誰か飲みに行かないか？
頑張って出世するぞ！
ガーン…
僕の方が働いてるのに…
課長
平社員
多くの人は必ず運命のせいにする

お嬢さん
中村天風という人物を知っていますか？
テンプウ？
中村天風ですか！昔読みましたよ
えっ
有名なんですか？
ああ
明治から昭和の時代を生きた哲人だよ
テツジン？

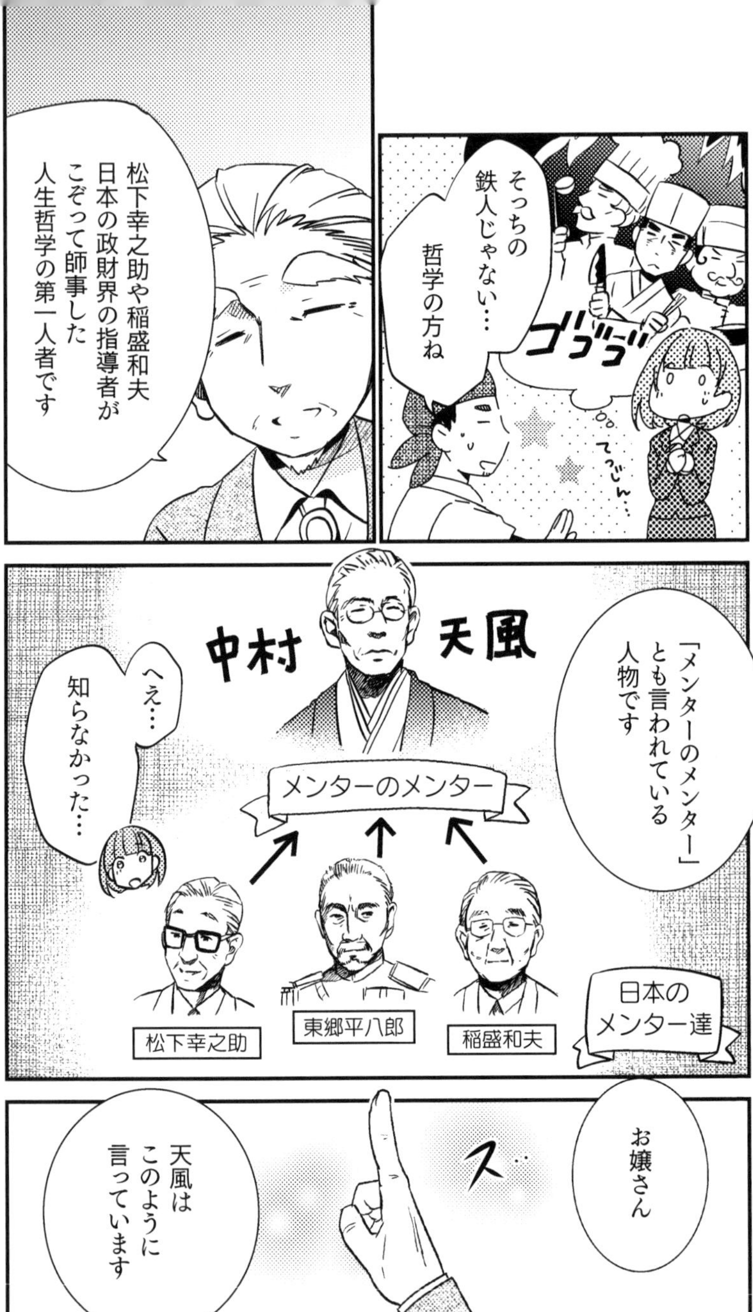
そっちの鉄人じゃない…
哲学の方ね
ゴゴゴ
てつじん…
松下幸之助や稲盛和夫日本の政財界の指導者がこぞって師事した人生哲学の第一人者です
「メンターのメンター」とも言われている人物です
中村 天風
へえ…知らなかった…
メンターのメンター
松下幸之助
東郷平八郎
稲盛和夫
日本のメンター達
お嬢さん
ス…
天風はこのように言っています

運命というものには二種類ある。
どうにも仕様のない運命を天命といい、人間の力で打ち開くことの出来るものを宿命というのである。
※『運命を拓く』第六章「人生と運命」から
天命と
宿命
何が違うの？
天命
宿命？

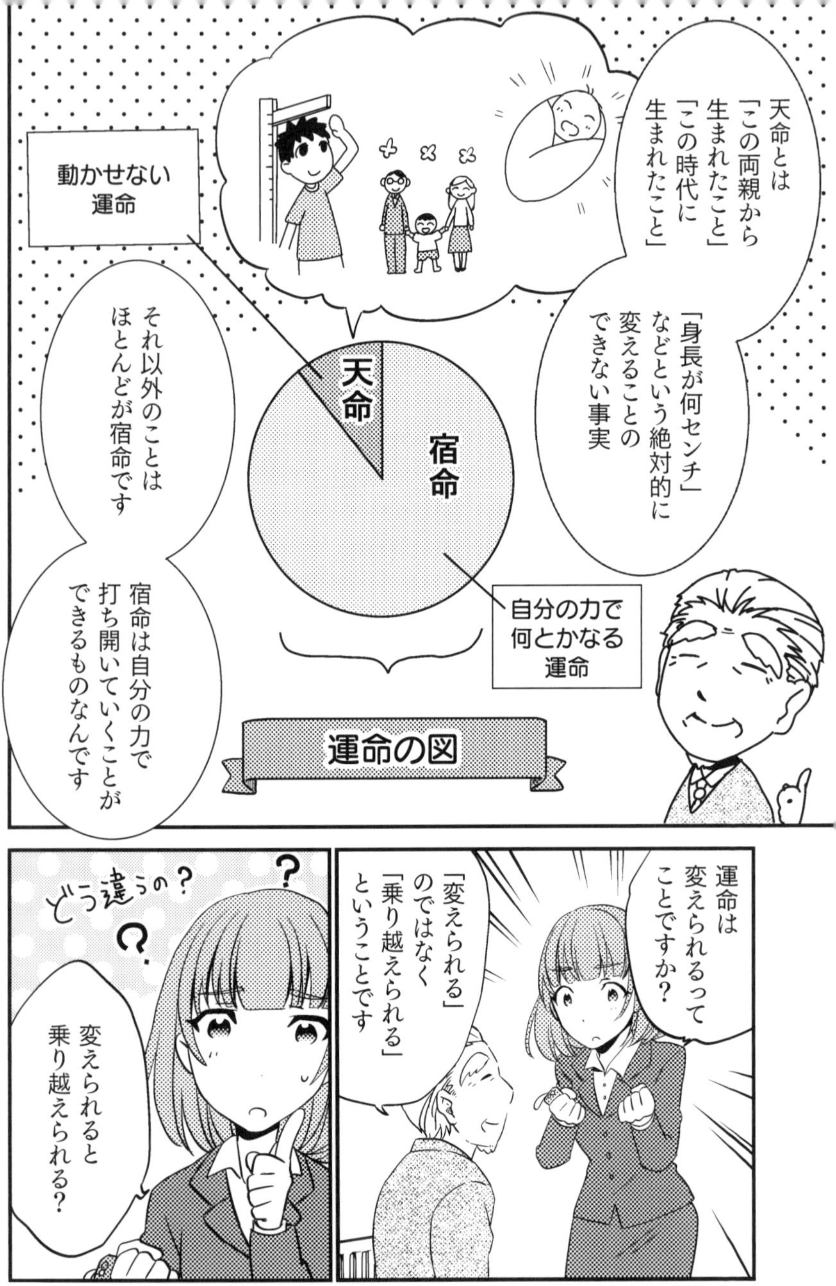

天命とは「この両親から生まれたこと」「この時代に生まれたこと」
「身長が何センチ」などという絶対的に変えることのできない事実
動かせない運命
天命
宿命
それ以外のことはほとんどが宿命です
宿命は自分の力で打ち開いていくことができるものなんです
自分の力で何とかなる運命
運命の図
運命は変えられるってことですか？
「変えられる」のではなく「乗り越えられる」ということです
どう違うの？
変えられると乗り越えられる？

自分の心を、積極的にして活きるという方に
自分の心を決定しなさい。
そうすればもう、天命なんてものは、極めて僅《わず》かしかない。

※同第六章から

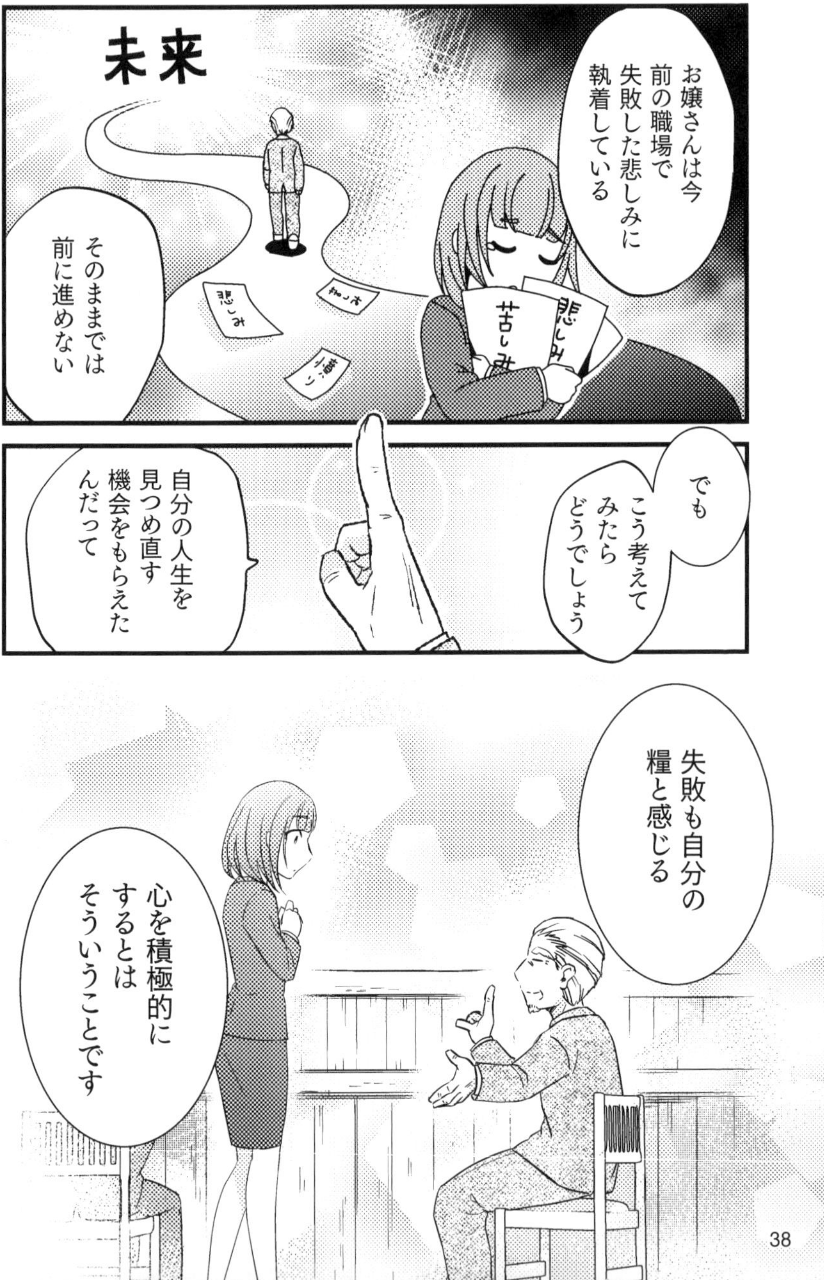

未来
お嬢さんは今前の職場で失敗した悲しみに執着している
悲しみ
苦しみ
悲しみ
そのままでは前に進めない
でもこう考えてみたらどうでしょう
自分の人生を見つめ直す機会をもらえたんだって
失敗も自分の糧と感じる
心を積極的にするとはそういうことです

失敗も
自分の糧…
おっと
ちょっと老婆心が過ぎましたね お勘定を
ありがとうございます
ガタ
あの…
ありがとうございました！
私…
心を積極的にしてみます
お嬢さん 天風はこうも言っています
にこっ

「人生は心一つの置きどころ」
※同第六章から
頑張ってください
ガラッ…
中村天風…

…っ
ぎゅ
よし！
宇藤さん！
ああ！
先日の…
こんにちはー
あの…
お願いがあるんです
こ…
ここで修業させてください!!

お金はいりません
もう一度ちゃんと勉強してみたいんです
こんな小さな店で修業なんて…
いえ
この前本当に楽しい時間が過ごせて…
ここに私の探している何かがあるような気がするんです
お願いします!
バッ
弱ったなあ…
やっぱり無理かあ…

…
バイト代は ちゃんと お支払いします
就職先が 見つかるまで 少しの間だけ ということで
！
常に最高の運命を招くべく、いかなるときにも、すべてを感謝と歓喜に振りかえるよう、積極的な態度を、心に命じて活きるよう努力しよう。
※同第六章から
私… 一歩前に 踏み出してみます
運命を拓く
中村天風

## 自身の苦しみを乗り越えて生まれた「天風哲学」

中村天風の本名は中村三郎、1876年（明治9年）に東京で生まれます。少年時代の天風は弁論大会で優勝するなど聡明でしたが、負けず嫌いでケンカばかりしていました。手を焼いた両親は、天風を福岡の知人に預けます。こうして天風は福岡の名門、修猷館《しゅうゆうかん》に進学しますが、柔道の試合の遺恨から出刃包丁を持った中学生ともみ合いになり、その中学生が死亡。正当防衛で釈放されますが、退学処分となってしまいます。

その後、天風は玄洋社（政治集団）を率いる頭山満《とうやまみつる》に書生として預けられます。頭山の勧めで陸軍の諜報活動に携わり、日露戦争時には陸軍参謀本部諜報員に採用され、〝軍事探偵〟として活躍。しかし終戦後、肺結核を発症してしまいます。

当時、肺結核は死病ともいわれ、治療法が確立されていませんでした。天風は自ら医学を研究して、病気の回復を試みます。しかし病状は一向に回復せず、自らの心まで情けないほど弱々しいものになってしまいます。そこで天風は、強い心を取り戻したいと宗教に救いを求めてさまざまな宗教の指導者を訪ね、さらに哲学や心理学などの本を読みあさりました。しかし、求めている救いは得られません。さらに天風は、日本より進んでいる欧米には救いがあるはずだと海を渡ります。アメリカ、ヨーロッパを巡り、哲学や心理学などの専門家の話を聞いて回りますが、そこでも求めていたものは得られませんでした。

絶望した天風は、せめて死ぬなら日本でと帰国を決意。その帰路でインドのヨガ哲学者、カリアッパ師と運命的な出会いをします。ヨガ哲学は心だけでなく、心と体の両面から人間を考えるものです。天風は師に従って、ヒマラヤ山脈の麓でヨガ修行を始めました。修行は3年近くにも及びましたが、天風はついに悟りを開き、肺結核も完治してしまいます。

日本に戻ってからは、電力や銀行など複数の企業の経営に参画。そんなある日、人前でインドでの経験を話すことになりました。天風の語りに人々は感動し、天風もみんなの喜ぶ様子を見て、事業を成功させて美妓《びぎ》美酒に酔うより、インドで悟ったことを人々に広めるべきだという考えに至ります。

その後は実業界から一切身を引き、インドで学んだ訓練法を誰にでも理解できるように体系づけ、1919年（大正8年）に「統一哲医学会」（現在の公益財団法人天風会）を設立。天風哲学は、天風自身の経験から生まれたものなのです。

## 中村天風の
## 元気の出る言葉

「人間は、
健康でも、運命でも、
それをだんぜん
乗り越えていくところに、
生命の価値がある。」

「本当の幸福というのは、
人生がよりよく生きられる状態に
自分ですることなんだもん。
自分でしないで、
ほかからしてくれることを
待っているかぎりきやしないよ。」

# 第2章

# マイナス思考は、体に悪影響を与える

『運命を拓く』第四章「言葉と人生」から

金糸雀
はぁ…
吉岡由美(39) 会社員
失礼します

お通しの
せんべい汁です
えっと
せんべい汁は
青森県の
郷土料理で…
ギロッ
…知ってる
フイッ
あっ
すみません…

里子ちゃん洗い物をお願いしてもいい?
はい
たたっ
……
あの子は?
新人
バイトは雇わない主義なんじゃなかった?
自分で動いた方が楽だって言ってたじゃない
そうだったっけ?
ムス…
……合わないと思う
ハハ…
働き始めたばかりだから大目に見てやって

こそっ…
常連さんなんだ…
嫌われちゃったかも…
ガラッ
こんばんはーっ
まだ大丈夫ですか?
どうぞどうぞ
駅前で偶然会っちゃって
ひょこっ
閉店間際にすみませんね
おや

ぱぁっ
いらっしゃいませ
先日はありがとうございました!!
しばらくここで修業させてもらうことになったんです
そうですか
お通しのせんべい汁です
わ～っ
おいしそー
屋守《おくのかみ》のお燗をいただけますか
はいっ!
はぁ～っ
お疲れ気味のようですね

ガリ
ワリ
だんっ
ちょっと聞いてくれる!!
YGスーパーの担当者がさあ
新入社員の女の子を一緒に連れて行ったらその子を営業担当にしてくれないかって
ぐち
ぐち
いや〜若い子はいいねえ〜っ!!
ほんと気持ち悪いあのエロ親父!!
それに今日は新商品のサンプルを持って歩いたから
肩が凝っちゃって
ずっしり…
はぁ…
私…そのうち過労死するかも

これ見てよ!!
新商品のアボカドシェイク
ぐち
アボカドシェイク
ぐち
体にいいかもしれないけどおいしくないし絶対売れないわよ
そもそもうちの商品開発部ってセンス最低なのよね～
……
ぐち
ぐち
また始まった…
いつもああなんですよ
あの…
お酒用意しましょうか?
コロッ
そうですね!楽しく飲みましょう!!
こっちの酒までマズくなりそう…
里子ちゃんもう仕事は慣れました?
う…

それが…
パリーンッ
キャっ
この前
大切なお皿を
割っちゃって…
いいよいいよ
すみません…!!
宇藤さんは
「また買えばいいから
大丈夫」って言って
くれたんですけど
実は有名な作家の
一点物だった
みたいで…
あれ
割ったの？
高いよ〜
えっ
はあ…
私って
やっぱり
何をやっても
ダメみたい…
それは
いけませんねぇ…
フム
あっ
心を積極的に
するって
決めたのに…

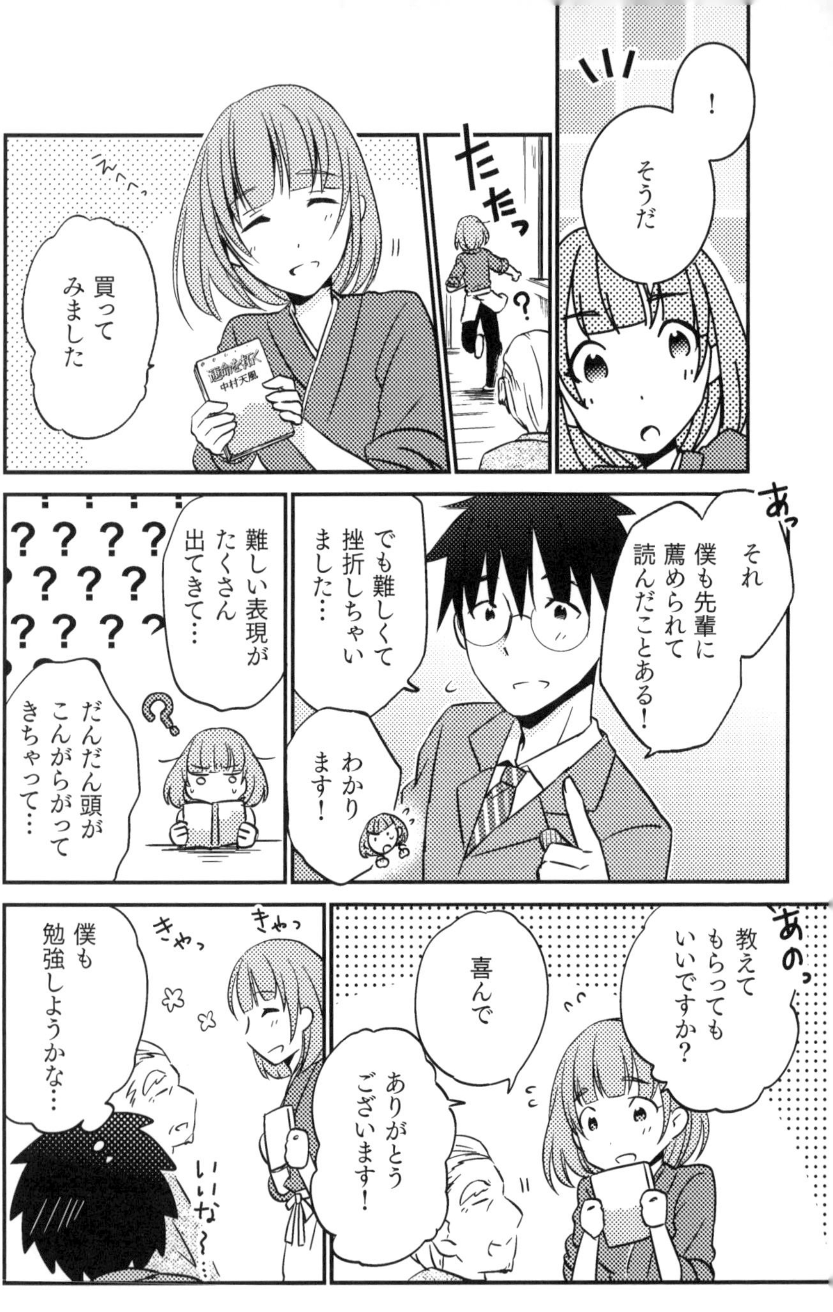
！
そうだ
たたっ
？
えへへっ
買ってみました
運命を拓く
中村天風
あっ
それ僕も先輩に薦められて読んだことある！
でも難しくて挫折しちゃいました…
わかります！
難しい表現がたくさん出てきて…
だんだん頭がこんがらがってきちゃって…
あのっ
教えてもらってもいいですか？
喜んで
ありがとうございます！
きゃっ
きゃっ
僕も勉強しようかな…
いいな〜…

ちらっ
ぐち
ぐち
今日は言葉についての話をしましょうか
くるっ
はいっ！
わい
わい
ずいぶんにぎやかね
……
仕事中でしょ？
すみません

にこっ
……
あっちの話一緒に聞いてみませんか？
楽しそうですよ
え
なんで私が
にこっ
フイッ
……
言葉は自分の人生や生命に大きな影響を与えるものだと天風は言っています
言葉は、人生を左右する力のある哲学であり、科学であるということがいえる。
だからどんなことがあっても、お互の言葉に注意をしなさい。
※『運命を拓く』第四章「言葉と人生」から

実在意識と潜在意識と、
それに繋《つな》がる神経系統の生活機能という、
三角関係を考えると分る。
人々の多くは生きている現在を忘れていて、
生きているのは神経系統の生活機能のおかげだということを
忘れてしまっているから、肝心かなめの
神経系統の生活機能の働きを悪くするようなことを、
知らないでやっている。

※同第四章から

実在意識
里子さんは皿を割りました
パリーン
潜在意識
私はダメな人間だ…
そしてその後「やっぱり私は何をやってもダメな人間だ」と感じました
神経系統
それが潜在意識となりその「ダメだ」という気持ちが神経系統に悪影響を与え体の機能を攻撃するのです
私はダメ
私はダメな人間
ダメ
ダメ
体
もや
もや
なんか胃がイタイかも…
そして
それは最終的に体の不調などを引き起こしてしまいます

潜在意識の状態が実在意識の状態に
同化してくるのである。

そして、その結果が気高い言葉、神聖な言葉であり、
いい換えれば、積極的な言葉を表現した場合には、
生命の一切が極めて状態のよい事実になって現われてくる。

けれども、万が一、消極的な、怒り、悲しみ、悶《もだ》え、
迷い、そして悩みが遠慮なく口から出される
という場合には、もう怖ろしい結果を
神経系統の生活機能に与えてしまうのである。

※同第四章から

……
ス…
カチッ
「皿を割って宇藤さんに申し訳ない」と考えるのはいいんです
事実ですから
悪いのはその後に「私はダメな人間だ」と解釈したこと
事実
悪い解釈
私はダメだ…
重要なのは何かが起こったときに悪い方に解釈しないということです
ついつい考えちゃうんですよね…
は〜
ス…
天風はこんな風に言っています

**最初はやり損うことがあっても、**
**やり損ったら取り消しておきなさい。**
**「ああ暑い、どうにもやりきれない」**
**「と昔はいったけれど」**
**とすぐそこで打ち消しておけばよろしい。**

※同第四章から

自分自身はもちろん他人にも積極的な言葉を使わないといけませんね
いやしくも人を傷つける言葉、勇気を挫《くじ》くような言葉、あるいは人を失望させるような言葉、憎しみ、悲しみ、嫉《ねた》みの言葉を遠慮なくいっている人間は、悪魔の加勢をしているようなものだ！
そういう人間は、哲学的にいえば、自他の運命を破壊していることを、平気でしゃべっている。
※同第四章から

ひょこっ
みなさん
あ、仕事…
スッ
よろしければどうぞ
カニだ～っ！
青森のトゲクリガニです
常連さんに日頃の感謝を込めてのサービスです
カニ……？
ぴくっ
本当にいいんですか!?
ここからは二次会ってことで

えっ
吉岡さんも
おいでよ
ガタ
……
じゃあ…
ちらっ

わあっ
おいしそう…
ハッ
吉岡さんカニ好きだもんね
は〜
〜〜〜っ
笑った…
じゃあ二次会ってことで
カンパーイ！

……あの
ありがとう
ございます
ぺこ…
さっ
何のこと
ですかな？
宇藤さんも
一緒に食べようよ
さ……
里子ちゃんも
!

はいっ!!
だから
実際人生を
活きる場合、
常に善良な言葉、
勇気ある言葉、
お互の気持ちを
傷つけない言葉、
お互に
喜びを
多く与える言葉を
使おう。
※同第四章から

## 人生の苦難を乗り越えられるようになる訓練法

人生は往々にして、病気になったり、仕事に失敗したり、対人関係がうまくいかなかったり、さまざまなトラブルに見舞われます。その度に、悲しんだり、悩んだり、イライラしたり…。ネガティブに考えるとますます状況が悪くなることはわかっているけれど、感情がなかなか抑えられない。誰にでも、そんな経験はありますよね。中村天風は、感情のコントロールができるようになるための、心と体の訓練法を体系づけました。その訓練法は、「心身統一法」と呼ばれています。この方法は、人間が本来的に持っている生命の力を、最大限に発揮することができるようになるための方法です。

世の中には、感情のコントロールが苦手な人と上手な人がいます。例えば、失敗をして「自分はダメな人間だ」と落ち込んでしまう人と、「この失敗から学んで次は失敗しないようにしよう」と自分を鼓舞できる人がいるのです。天風は、この物事に関する感じ方や反応の違いは「感応性能《かんのうせいのう》」の差だと見抜きました。自分を「ダメな人間」と考える人は、感応性能が消極的な人。逆に「次は失敗しないようにしよう」と考える人は、感応性能が積極的な人です。

## 多くの政治家や財界人、芸能人、スポーツ選手らが師事

天風は、感応性能は生まれてからの経験により形作られたもので、訓練をすれば積極的なものに変えることができると考えました。「心身統一法」では、積極的な心を作ることを目的とするトレーニングを行っていきます。具体的な方法は96ページ以降で紹介していきますが、天風がヨガ修行や心理学、哲学などから学んだことを、誰にでもわかるような形に新たに体系づけたものです。

この方法を習得することで、「体力」「胆力《たんりょく》」「判断力」「断行力」「精力」「能力」が充実するので、どんな苦難に直面したときにも、自身の力で乗り越えられるようになります。この6つの力は、さまざまな業界のトップを走るのに必要な資質でもあるので、多くの政治家や財界人、芸能人、スポーツ選手らがこぞって天風に師事、影響を受けました。松岡修造さんもその一人。松岡さんは、試合に負け続けて引退さえ考えていたときに天風哲学と出会うことで、ウインブルドンベスト8を果たせたといいます。サッカーの長友佑都さん、市川海老蔵さん、石田純一さんらも愛読しているそう。天風哲学は、今も多くの人々の運命を拓き続けています。

## 中村天風の 元気の出る言葉

「言葉には
人生を左右する力があるんです。
この自覚こそが
人生を勝利にみちびく、
最良の武器なんですよ。」

「なんでも自分の欲望の標準を
自分勝手に決めて、
自分の思うようにならない世界を
すぐ不満に感じたり、不平で考えるから、
そら、いつまで経っても
本当の幸福は感じやしないわ。」

# 第3章

# 心配をすると、運命はますます悪くなる

『運命を拓く』第十一章「勇気と不幸福撃退」から

わい
わい
金糸雀
ガラッ
いらっしゃいませ！
ン
あの…1人なんですが…
伊藤祐輔（33）会社員

キョロ
えーと…
そこ予約入ってるから
あっ はい
すみません カウンターが満席で…
テーブル席なら空いていますが…
テーブル席でいいです
ありがとうございます!

ご注文はいかがなさいますか?
う〜ん…
どのメニューもおいしそうですね〜
実は…僕初めてなんです
前々から来てみたかったんですよ
にこっ
ご来店ありがとうございます!
おすすめのメニューとかありますか?
お飲み物ですか?
飲み物も食べ物も

ではまず お飲み物から
メニューには書いてないですが瓶ビールのご用意もございます
1杯目から日本酒でいいです
日本酒好きなので
お好みは？
冷酒とお燗どちらになさいますか？
うーん お任せします
どれぐらいお飲みになるご予定ですか？
2、3合かな？
そうですね…
うん！
店主が青森の出身でして青森の「豊盃《ほうはい》」はいかがでしょう華やかな味わいです
豊盃
1合目は冷酒 2合目はお燗にして飲み比べてみると全く違った雰囲気を楽しめますよ

それ
おもしろそうですね！
お願いします
かしこまりました！
次は料理ですが…
お待たせしました！
豊盃の冷酒とお通しのミズのおひたしです
ミズ？

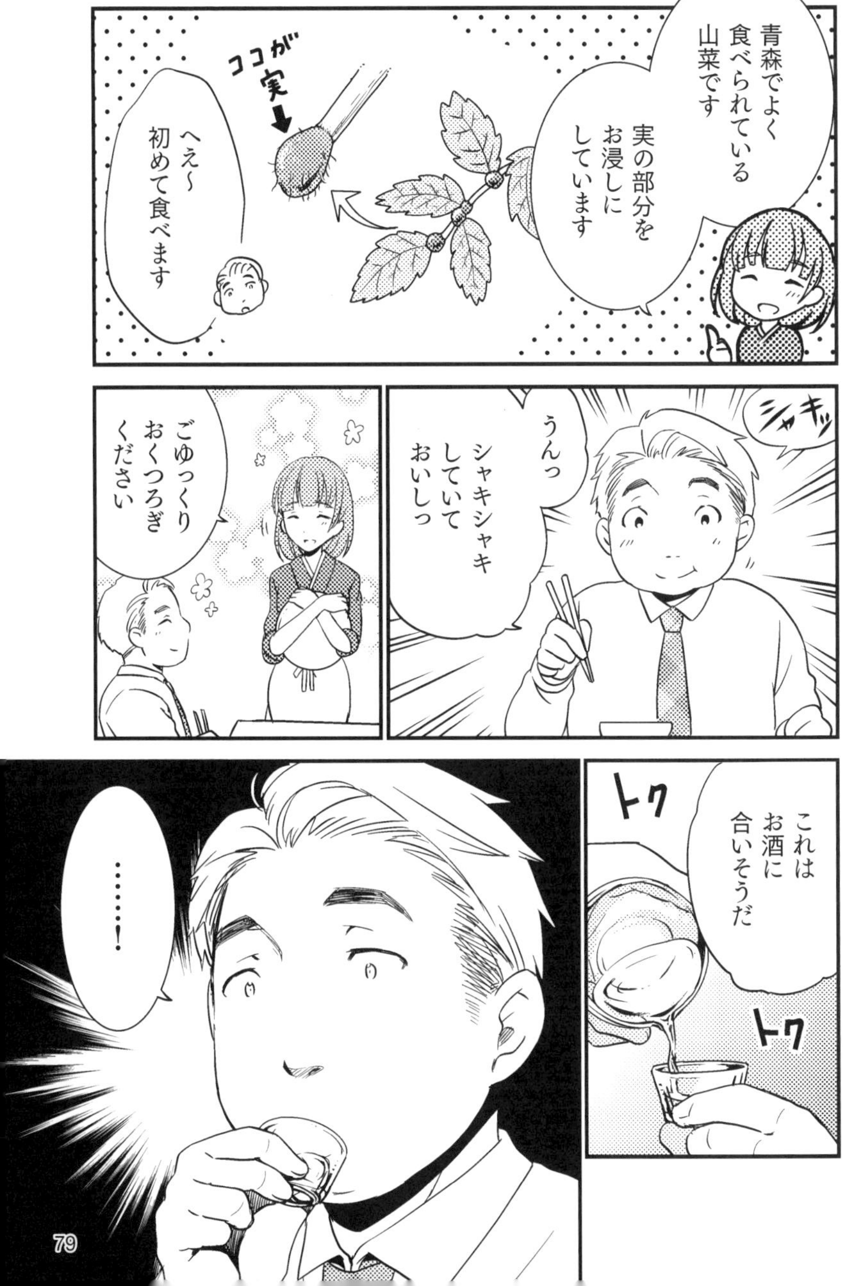

青森でよく食べられている山菜です
実の部分をお浸しにしています
ココが実
へえ〜初めて食べます
シャキッ
うんっ
シャキシャキしていておいしっ
ごゆっくりおくつろぎください
トク
これはお酒に合いそうだ
トク
……!

……!
すみません!!
はいっ?
お勘定で
ほかの注文は
キャンセル
してくれる?
ムスッ
か かしこまり
ました

あの…
何か不手際がございましたでしょうか…
ガタッ
いいからお勘定
はい…
ちゃりっ
ガラッ
……
ピシャンッ
ありがとうございました

はあ…
里子ちゃんのせいじゃないって
でも…
しゅん…
ガラッ
いらっしゃいま……！
御手洗さん！
こんばんは

本日のお通しは
ミズのおひたしです
これは
おいしそうだ
ぱくっ
こくっ
……
はぁ…
ハッ
?
あっ
ごめんなさい！

にこっ
どうされたんですか？
……
私…
お客様の機嫌を損ねるようなことをしてしまって…
お酒のセレクトがいけなかったのかな…
料理に不満が？
カウンターじゃなくテーブルに案内したから？
うう…うう…
ひどいお店って思われちゃったかも…
料理も酒も最悪!!
☆1
ブログに悪い評判を書き込んだりして～！

はぁ…
私…
宇藤さんの…
金糸雀《カナリア》の
評判を下げるようなことを
してしまいました…
ず〜〜ん…
はぁぁぁ…
えっ
今のが…?
それは
いけませんねぇ…
天風は
こう言っています

心配したり悲観したりする習慣を、
習慣とも気づかず、悪い癖とも反省しないで、
人間共通の通有性というように、
間違えてますますやっていると、
人生の光明をどんどん闇にする
哀れな気分だけが、
人生を支配するようになってしまう。

※『運命を拓く』第十一章「勇気と不幸福撃退」から

（悲観や心配をすることが）
正しい真理であるとしたならば、
病に罹《かか》って心配した者が早く治り、
不運に遭って悲観した者がたちまち
幸運に運命を転換しているはずである。
ところが事実は全然それと反対ではないか。
※同第十一章から
心を積極的にしなきゃダメですよね
何でいつもこうなっちゃうんだろう
心配しても悲観しても状況が良くなるわけではありません
それどころかもっと悪くなる
心配…
それは勇気がないからです
勇気？

心を積極的にする要点は何かというと、勇気の煥発《かんぱつ》だ！
だから、すべからく何事に対しても、
またいかなるときといえども、
勇気、勇気で対応しなければならない。

※同第十一章から

**この世の中や人生には、**
**滅多矢鱈《やたら》に恐ろしいということは**
**ありはしない。**
**怖ろしいと思っているのは、**
**自分の心なのである。**

※同第十一章から

勇気を持てば
自然に積極的な心で
生きられるように
なります
もっと
自分のやり方に
自信を持たないと
勇気を
持つってことは
自分の進む道を
信じるって
ことですよね
ええ
将来
自分でお店を
開くときには…
お店!?

そのときは
自分の好みや
感覚を信じて
勝負するしかない
だから
勇気を
持たないとね
里子ちゃんは
どんなお店が
やりたいの?
えっ…
自分でお店なんて
考えてみたことも…
麻由子さん…
……
ガラッ

いらっしゃいま…
あっ!
あの…
青森おでんと豊盃のお燗です
ごゆっくりどうぞ
※しょうがみそがかかっているのが青森おでんの特徴

あ
あのっ！
がばっ
すみませんでしたっ
さっき…カウンターに上司に似た顔を見かけて
こんなコトもできないのか
ボンクラめ!!
あの…上司とはいろいろあるもんで…
ついお店にあたってしまいました…
ほんとひどいことしちゃって…
謝らなきゃと思って…
しゅん…
――あと

おすすめしてくれたメニューがどうしても食べたくなって…
戻ってきちゃいました
パクッ
ゴクッ
プハ〜〜ッ
うまいっ!!
実はおなかペコヘコで…次のおすすめお願いしてもいいですか?
ぐうぅぅ…
はいっ!
任せてください!!

テキ
パキ
どんなお店がやりたいの？
ぴたっ…
……
勇気さえ心から失わなければ、何事もこの世に怖るるものはないのである。
※同第十一章から
自分のお店かあ…

# 積極的な心に変える方法 その1

## 潜在意識の要素を積極的なものに変える

70〜71ページのコラムで、同じ失敗をしても、クヨクヨと消極的にとらえてしまう人と、「失敗は成功のもと」のように積極的な方向にとらえる人がいると説明しました。この受け取り方の違いを、天風哲学では「感応性能《かんのうせいのう》」の差によって生じたものだと教えています。中村天風は、この感じ方の違いは生まれながらのものではなく、経験により形作られた後天的なものであり、訓練をすれば変えることができると説いたのです。

では、どのような訓練をすれば、感応性能を積極的なものに変えることができるのか。天風は心の「潜在意識」の中にある、その人の考え方を作り上げている要素を、積極的なものに変えることが最重要と考えました。

## 人間の暗示にかかりやすい性質を利用

人間の心の働きは、心理学的に「実在意識」と「潜在意識」に分けることができます。実在意識は、毎日生活をする中で、自分で意識できる心の領域。それに対して潜在意識は、自分で意識できない心の領域です。潜在意識は「心の倉庫」と呼ばれていて、自分の過去の経験の記憶がすべて蓄積されています。実は、実在意識は、この潜在意識の中にある過去の記憶を材料にしながら、日々の行動の判断をしているのです。もし潜在意識の中に消極的なものが多くある場合、思考や感情はどうしても消極的なものとなってしまいます。

潜在意識は自分では意識できない心の領域なので、その中身を変更するのは不可能なことのように思えます。しかし天風は、暗示を利用すれば、潜在意識の中にある知覚・理解・思考するための素材(観念要素)を積極的なものに変えられることを発見しました。人間の心はそもそも、暗示を受けやすい性質を持っています。例えば、悲しいニュースを見るとなんとなく悲しい気分になってしまう、グルメ番組を見てラーメンが無性に食べたくなってしまう、なども暗示の一種です。

潜在意識により強く暗示を与えるためには、感動や衝撃などの強い感情をともなわせる(強度)、もしくは何度も繰り返し体験させる(頻度)が有効です。そこで天風は、静かに集中できる「就寝前」と「目覚めた直後」に、強度と頻度を伴わせながら行う自己暗示法を考えました。次のページでその具体的な方法を紹介していきます。

## 就寝前に楽しいこと、うれしいことを考える
## 連想暗示法

人間は夜寝る前に、最も暗示を受け入れやすい状態となります。それは、眠ろうとするために大脳が徐々に活動を停止し、静止作用が働くからです。そのため、実在意識で考えたことが無条件に潜在意識の中に入り込みやすくなります。その就寝前を利用して、自分自身に暗示を与える方法を「連想暗示法」といいます。

どんなことでも構わないので、楽しいこと、うれしいことなど、明るく、積極的なことを考えます。「旅行の計画」を考えたり、「来月のプレゼンで成功している自分の様子」を想像したり、考えれば考えるほど楽しく、うれしい事柄を思い描きましょう。

日中、どんなに仕事や人間関係で嫌なことがあっても、寝床に入ったら、悲しいこと、腹の立つことなど…消極的なことは一切考えないこと。積極的なことを考えれば、消極的な考えは頭の中には浮かびません。人間は、同時に正反対の感情を持つことはできないからです。積極的な感情を持って眠ると、脳もよく休まります。今までよりもっといいアイデアや行動ができるようになります。

**〈実在意識と潜在意識の働き〉**

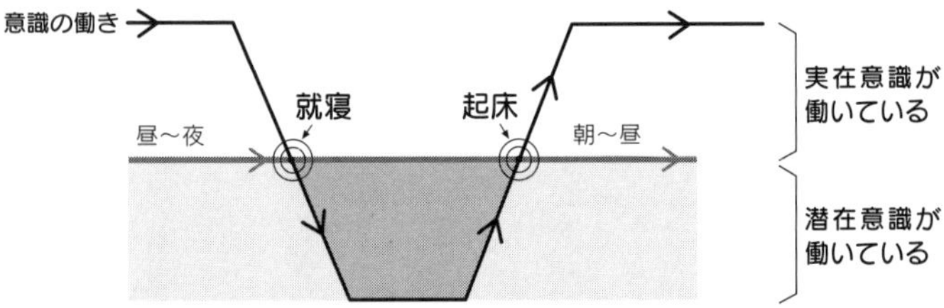


実在意識は起きているときだけですが、潜在意識は寝ているときにも活発に働きます。一日の中での意識の働きを示したのがこの図です。「連想暗示法」「命令暗示法」「断定暗示法」はこの働きを利用して行います

## 寝際に、自分の願いを自分に命令する
## 命令暗示法

「命令暗示法」は、夜寝る前に、鏡を用いて行う自己暗示法です。鏡に映る自分の眉間に向かって、自分のなりたい心の状態を１つだけ、「お前は意志の強い人間になる！」「あなたは慌てない人間になる！」などと１回だけ命令します。毎日繰り返し行うことで、それをやがて成就させることができます。行うときのポイントは以下の通りです。

- 鏡に自分の顔を映し、眉間を見る
- 自分に対して、二人称で呼びかける（「お前は」「君は」「あなたは」）
- なりたい心の状態を１つだけ「命令」する（「お願い」や「お祈り」ではない）
- 小声で真剣に言う
- 一晩に一度だけ
- 実現するまで継続する

## 朝起きたときに、昨夜の願いが叶ったと断定する
## 断定暗示法

「断定暗示法」は、上記の「命令暗示法」とセットで行う方法です。この方法は、鏡を使っても、使わなくても大丈夫です。翌朝目覚めたときに、昨夜「命令暗示法」で言った暗示の言葉を、今度は断定して言います。例えば、昨晩「お前は意志の強い人間になる！」と暗示したら、「私は意志の強い人間になった！」と力強く、声に出して言います。この断定は、自分の意志が本当に強くなったかどうかに関わらず行います。断定暗示法は起床時はもちろん、一日の中で回数多くやる方がより効果的です。

## 中村天風の
## 元気の出る言葉

「勇気は常に勝利をもたらし、
恐怖は常に敗北をもたらす。」

「価値ある人生を生きようとしたら、
価値ある人生を生きる一番最初に
必要なことをつくりあげる。
すなわち、自分の心のあり方を
変えなくてはダメなんですよ。」

# 第4章

# 誰もが無限の可能性を持っている

『運命を拓く』第一章「生命の力」&
第二章「人生を支配する法則」から

TEMPU

ピュ〜〜〜ッ
！
おっと
カチッ

トク
トク
....
キュッ
よしっ!
ミ
はい　はーいっ
タタッ
はい
もしもし
ピッ
あの…

山田です
ああ
こんにちは！
お休み中に
すみません
あの…
行って
みたいです！
良かった～
じゃあ
予約を入れて
おきますね
はいっ！
ピッ
ふふっ
楽しみっ
山田さ

ズッ
運命を拓く
村天風
御守
よしっ
ガチャッ
吉祥寺駅
Kichijoji Station

えっ
さわたり…？
さわたり
たっ
そんなはず
ないよね…
……
——だよね
がっかり…
ごはん処
しずか
ごはん処
しずか

ふぅ…
ズッ
運命を拓く
中村天風

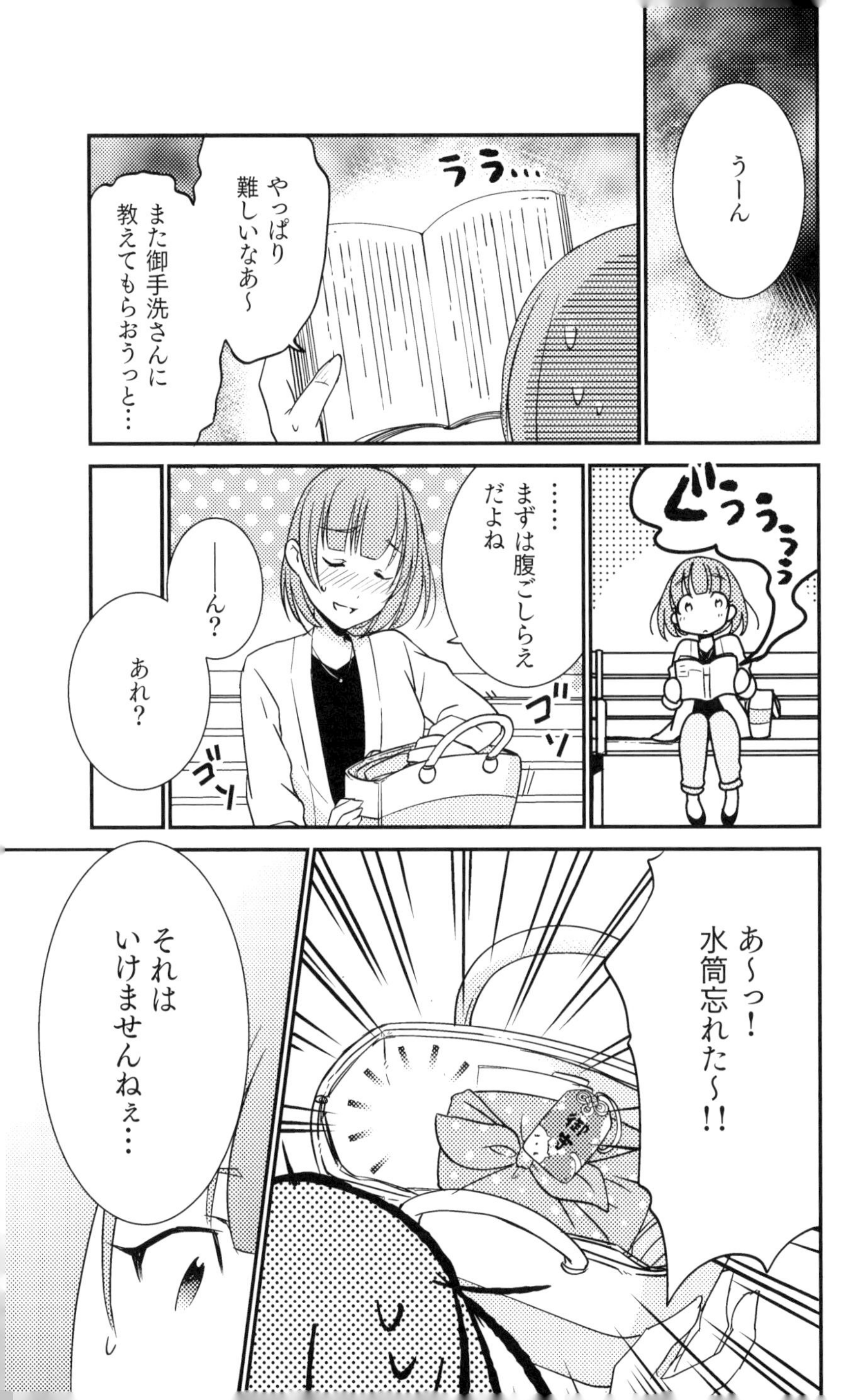
うーん
やっぱり難しいなあ〜
また御手洗さんに教えてもらおうっと…
ぐぅぅぅぅ
……まずは腹ごしらえだよね
ゴソ
ゴソ
ーーん？
あれ？
あ〜っ！水筒忘れた〜!!
それはいけませんねぇ…

フフッ
御手洗さん！
はい　どうぞ
スッ
お〜いお茶
すみません…
買ってきてもらっちゃって…
ストン
いえいえ
近くに住んでいるので井の頭公園は散歩コースなんですよ
いいですね〜この近くに住んでいるなんて

お一つ
いかがですか？
じゃあ
お相伴《しょうばん》に
あずかりますかな
どうぞ！
もぐ
もぐ
うん
もう全部
読まれましたか？
何度か
読み返して
いるのですが
難しくて…

この宇宙創造の源の気を、
私の哲学では仮に〝宇宙霊〟と名付けている。
これを人々は神といい、
天之御中主神《あめのみなかぬしのかみ》と名付け、
あるいは如来と呼び、アラーというように、
いわゆる神・仏という名を付けたのである。
※『運命を拓く』第一章「生命の力」から
ちょうどこの部分がわからないと思っていたところです
宇宙霊って何ですか？
幽霊？でも神様とも書いてあるし…
そうですね…
ちょっと説明が長くなりますがいいですか？
はいっ！
ザァッ

眼前の草、そして樹、
青く澄んだ空、
流れ行く白い雲、
また落ちる滝の水、
どれを見ても、
人間の力で
作られたものは
何一つない。――
――自然界と
称するところの
眼に見える宇宙が
できあがるまでには、
眼に見えない宇宙が、
その以前から
すでに厳として
存在していたに
相違ないのである。
これを
考えなければいけない。
なぜならば無から有は
生じないからである。
※同第二章「人生を支配する法則」から

目に見えないし感じることもできないけれどこの自然を作った何かが必ず存在している
天風は哲学的にそう直観しました
それが天風の言っている宇宙霊です
幽霊でもないし宗教的な意味での神様でもありませんこの世界を作っている大自然のエネルギーのことを指しています
このエネルギーにはどのような本質があるのか

**宇宙霊は、休むことなく働いている。**
**創造に瞬時の休みもなくいそしんでいる活動体である。**
**だからこそ、この宇宙は常に更新し、常に進化し、**
**向上しつつあるのである。**

※同第二章から

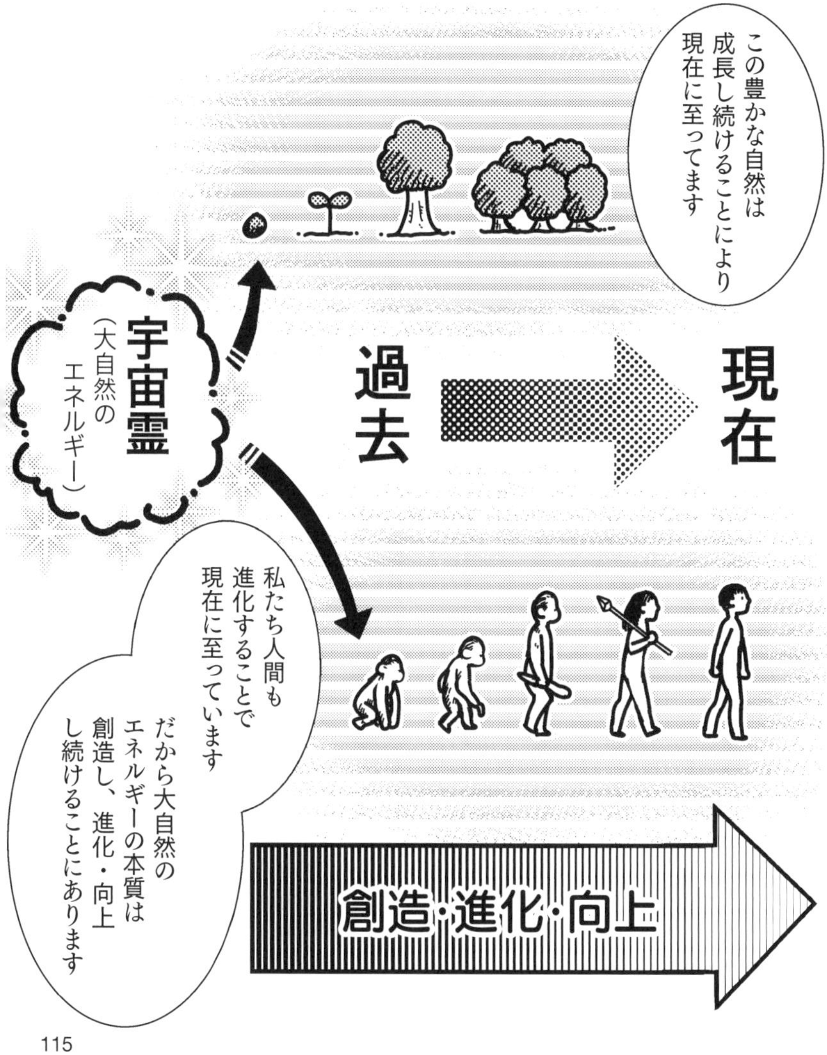

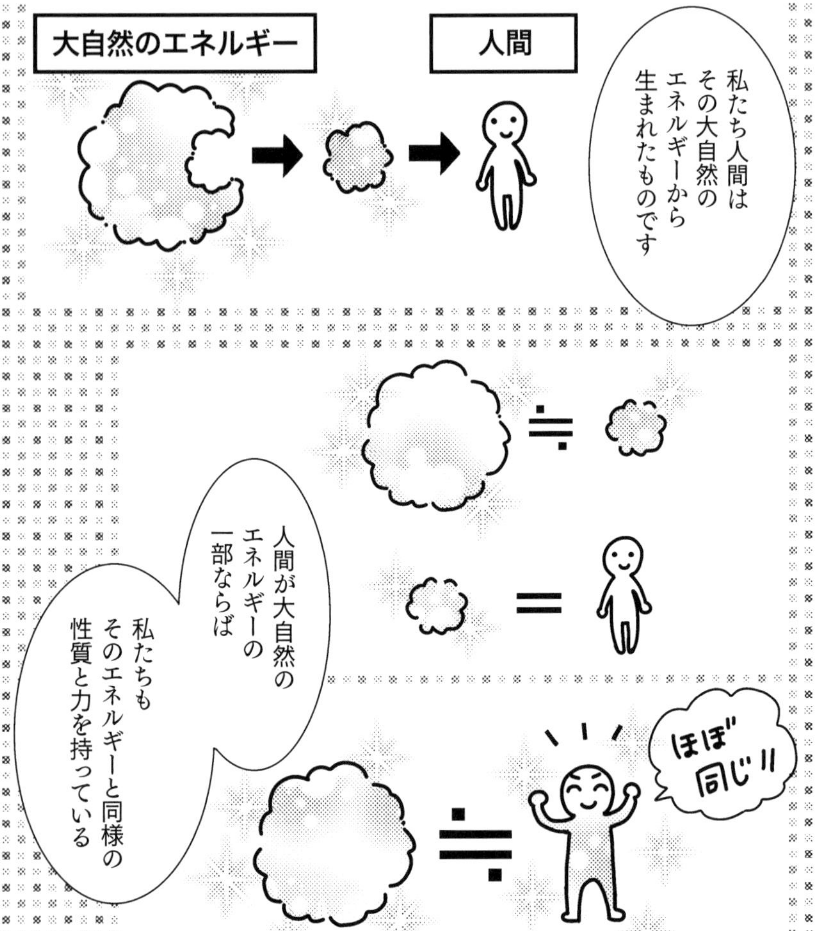


人間の生命と、宇宙霊の持つ生命とは、
その内容において、まったく不可分、同一なものである。
したがって、その霊智も
同じ程度に到達し得るものであると断定できるのである。

※同第二章から

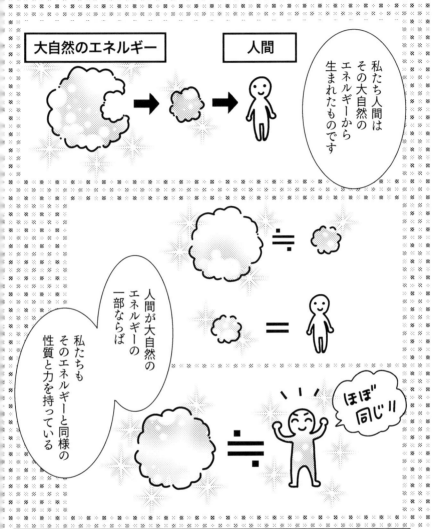

自分は力の結晶だ、
という正しい悟りで健康上の問題や運命上の問題を
乗り越えていかなければならない。
この悟りが終始心の中に満ち満ちていれば、
何もたいした努力をしなくても、いつも元気一杯な状態で
人生を活きていくことができる。

※同第一章から

積極的な心でいれば
運命は拓けます
必ず
必ず…

おや
もうこんな
時間ですか
約束があるので
ここで失礼させて
いただいても
よろしいですかな
はいっ
ありがとう
ございました！
ではまた
お店で
はいっ!!
あっ
お茶のお金
払ってない…!!
ガタッ
！

御手洗さ――…
あっ
スッ
ハァ
ハァ

あれ？
キョロ
見失っちゃった…

## わだかまりをなくし、執着しないように心がける

「心身統一法」は、自身の心を消極的なものから、積極的なものに変えるための方法です。ただし、天風の説く積極とは、「むやみがむしゃらに頑張る」ということではありません。

確かに、「前向きに生きる」という意味は含まれています。しかし、「頑張る」というよりは、心にわだかまりをなくし、何ものにも執着しない「虚心平気《きょしんへいき》」の気持ちが最高に積極的な心です。例えば、誰かに怒りの気持ちを感じたとき、その気持ちにいつまでも振り回されないで、気持ちを切り替える。例えば、失敗してしまったとき、その失敗にいつまでも落ち込んでいるのではなく、次に自分ができることを考えて前に進む。生きている限り、恐れ、怒り、悲しみなどの消極的な感情を感じなくなることはできません。しかし、それにいつまでも執着しない、それが積極的な心を持つということです。

天風は、積極的な心を持つために必要な、日常生活での5つの心がけ（左ページ参照）を説いています。これらを心がけていると、自然に積極的な思考、言葉、行動の習慣がついてきます。日常生活にぜひ取り入れてみてください。

### ①内省検討

今自分の考えていることは積極的か、消極的か。常に自分の心の状態を客観的に観察、分析。消極的な思考になっている場合には、すぐにその思考を追い出すようにします。

### ②暗示の分析

私たちの日常生活は、暗示に満ちています。テレビからの楽しいニュースは心を明るくさせ、悲惨なニュースは心を暗くさせます。他人から聞く言葉も暗示です。元気な人と接すると自分も元気になりますが、気の弱い人と接すると自分の心も消極的になってしまいがちです。常に身の回りの暗示を分析して、積極的な暗示を多く取り入れ、消極的なものはなるべく取り入れないようにしましょう。

### ③交人態度

自分自身も、相手に暗示を与える存在です。特に注意したいのが「同情」。例えば、病気の人に「つらいわよね。さぞかし大変でしょう」と言うと相手にも、自分自身にも消極的な暗示を与えてしまいます。励ましの言葉以外は口にしないようにしましょう。

### ④取越苦労厳禁

未来を思い悩んだり（＝取越苦労)、過去の失敗をいくら後悔しても、どうすることもできません。無駄に心のエネルギーが消費されていくだけです。人間がどうにかできるのは「今」だけです。天風は過去と未来に心を悩ませることを厳禁としました。ただし、何も考えなくていいという意味ではありません。過去の失敗を糧としたり、未来に建設的な計画を思い描くことは、心を積極的に使うことです。

### ⑤正義の実行

正義という言葉を聞くと、何か大変なことを成し遂げなくてはいけないように感じるかもしれませんが、そうではありません。正義とは、やましさや後ろめたさを感じずに生きること。本心、良心に従って行動するということです。

## 中村天風の
## 元気の出る言葉

「いいですか、
幸せも健康も成功も、
ほかにあるんじゃないですぜ。
あなた方自身の中にあるんだぜ。」

「どんな目にあっても、
どんな苦しい目、
どんな思いがけない大事にあっても、
日常と少しも違わない、
平然としてこれに対処する。
これが私の言う
積極的精神なんであります。」

# 第5章

# 理想は、心に具体的に描くことで実現する

『運命を拓く』第十二章「理想と想像」から

どうぞ
パシャッ
きゃっ

ごめんなさいっ
今拭きますね
大丈夫です
僕がやります
そっ
あっ
山田さん
里子ちゃん…

でれ
〜〜っ
山田さ〜ん！
あっ
くるっ
里子ちゃ…
ん!?
お待たせしました

ども
え
ええ～～～!?
明日 山田さんと 波の花に 行くんです
波の花って 吉祥寺の 人気店だよね
私も 行って みた～い!
一緒に 行きましょうよ!
ほんと!?
2人より 3人の方が 楽しいですし
山田くん ご愁傷さま…
山田くんには 私の方から 連絡しておくね
にこっ

連絡…
なかったですけど…
ごめんごめん
お店に直接
電話して予約
取っちゃった
えへっ
席空いていて
良かったです
昨日
急にキャンセルが
出たみたい
ラッキー
でしたね！
きゃっ
でしょ～
きゃっ
はあ…
アンラッキーだ…
そういえばこの前
井の頭公園で偶然
御手洗さんに
会ったんです
近所に住んで
いるんですって
どよーーん…
へえ
お金持ち～
あの辺
高級住宅地
でしょ

御手洗さんって
お仕事何されて
いるんですかね？
知らないなぁ
宇藤さんに
聞いてみたら？
酒場で職業の詮索しない!
宇藤さんも
知らないみたいで
ふ～ん
品のある感じだし
どっかの社長さん
とかかもね～
波の花

ガラ…
いらっしゃいませ
予約している山田です
ようこそいらっしゃいました
にこっ
ポ〜〜ッ
キレイな人だ…
キョロ

素敵なお店だなあ
今日はよろしくお願いします
ペコ
えっ!
麻由子さん!
あらっ
沢渡《さわたり》麻由子（44）
「波の花」店主

カンパーイ！
コト
「ブロッコリーのムース
すだちのジュレ仕立て」です
紫ウニをトッピングしました
うまっ！
幸せ〜
知り合いなの？
以前麻由子さんのお店によく通ってたんです
前は阿佐ヶ谷でお店をやってて…

はあぁ…
毎日同じことの繰り返し…
向いてないのかな仕事…
はぁ…
どうぞ私からのサービス
山菜がいっぱい！
わあっ
お客さまからいただいたの
さわたり特製酒盗《しゅとう》ソースで食べてみて
お酒がどんどん進んじゃうわよ～！
にこっ

お店に行くと いつも 元気になれて…
麻由子さんみたいに 私も人を元気にする 仕事がしたいって
はぁ…
それで居酒屋に 転職したわけね
でも うまくいかなくて…
そんなときに 出会ったのが 宇藤さんだったんです
前のお店…
お母さんの介護で 実家に帰らなければ いけなくなって たたんじゃったんです
まさかこっちに 戻ってきてる なんて…
さわたり

「地ダコの揚げしんじょ」です
この細かく散らしてあるのは三つ葉？
いい香り～
お酒が進む～っ
プハ～ッ
この後も料理をお出ししますがおなかのすき具合はいかがですか？
すっごーく空いてます！
かしこまりました
フフッ

お刺身の盛り合わせ
※ハケでしょうゆを塗るのが楽しい
すりごま豆腐
※あなごの煮詰めたソースをかけて
※ジュレソース・卵黄のみで漬けで食べる
冷製牛しゃぶ
サンマの炊き込みごはん
※お釜で炊いた
う～ん
どれもおいしい～～っ
お酒がどんどん進みますね！

ほわわ〜〜っ
ほんと どれもおいひ〜 でしゅね〜
ひっく
あらあら 大丈夫ですか？
お水持ってきますね
いつものことなので 大丈夫です…
んま〜〜いっ
ど〜も〜
沢渡さん 素敵な人ね
こんな風に なれたらって ずっと憧れてます

おいしい手料理とお酒で
みんなを幸せな気持ちにできたら…
じゃあ沢渡さんみたいなお店が開けるように頑張らないとね！
ボシュッ
お店…
将来お店を開くときには…
自分のお店には憧れますけど…
でも…あまりにも大それた夢のような気がして…

ああなったらいいなあ、
こうなったらいいなあ、
という念願だけを、
心に炎と燃やさないで、
ああなったらいいなあ
というものが、すでに、
成就してしまったときの
気持ちや、姿を、
心に描くのだ。
※『運命を拓く』第十二章「理想と想像」から
えっ
それって…
ゴン
ゴン
あれから
私も読んでるんだ
えへっ
運命を拓く
中村天風
パラ…
ここにちゃんと
自分の夢は
具体的にイメージしないと
実現できないって
書いてあるでしょ

字を書くのでも、絵を画くのでも、そうだ。
一枚の紙を手にしたとき、そこにすでに、
己れの描こうとするものが、
形が紙面に現われていなければ、
立派なものが描けないはずである。
ただ筆を持って、墨を付けて、
いい加減に描いたのでは、
碌《ろく》なものは出来はしない。

※同第十二章から

すぐに具体的に
イメージ
できるじゃない
沢渡さんの作る
繊細な味付けの料理
お客さんへのやさしい心配り
すべて理想なんでしょ

…実はね
アボカドシェイクちょっとだけ売れ始めているんだ
『運命を拓く』を読んで自分のやれることをやれるだけやってみようって思ったの…
絶対売れない!!
アボカドシェイク
まだまだだけどね
良かったですね！
パッ
次は里子ちゃんの番だよ

お先に失礼します
ガラッ
ペコッ
お疲れさま
あれっ もうそんな時間!?
!?
ガラ…ン
すみません!
グ～…
こんな時間まで…
大丈夫ですよ ゆっくりなさってください
山田くん 帰るよ
う～ん…
zzz
里子ちゃん

聞いちゃったんだけど飲食店に勤めてるの?
あっ　はい
西荻窪の金糸雀《カナリア》ってお店で働いています
あら
日本酒の有名店じゃない!
無理に頼み込んで働かせてもらっている感じなんですけど…
?
無理に?
次の仕事が見つかったらやめるって約束なんです
ポン
里子ちゃん　うちで働かない?
えっ!?

今月いっぱいで
従業員が
やめちゃうのよ
ちょうどいいわぁ～♡
料理の仕込みも
手伝って
もらってたから
どうしようか
悩んでたのよね～
いい話じゃない！
びくっ
!?
料理の仕込みなんて
したことないから
無理ですっ
大丈夫
ちゃんと教えて
あげるわよ
???
憧れの人の下で
働けるなんて
チャンスじゃない！
それに…
簡単に
やめさせてくださいなんて
虫が良すぎる
気もします…

無理はしなくてもいいからね
働けそうなときには連絡ちょうだい
ごちそうさまでした～
ありがとうございました
♪た～のしかったれすね～♪
あ～もう
……

自分の理想は常に、現実のものと同じように、
自分の心にはっきりと明瞭に描きなさい。
そして、その描いた絵は、決して取り替えないように
しなければいけない。昨日と今日とでは、まったく、
形が変わったものにしたのではいけない。

※同第十二章から

ザッ
中村天風
御守
ー
ス…
もう
神頼みは
やめよう…

立派な理想を持つ人は、神や仏という目標を定めて、信仰なんかする必要はない。――
――理想が楽しければ楽しいほど、何の神様、仏様という信仰を求めなくても、
自己自身の人格の全体が、極めて荘厳な事実でちりばめられて、自然に立派なものにされるからなのである。
これは、普通の、いわゆる宗教なるものを信仰したときよりも、遥かに現実的な救われを自分自身が知らない間につくられてしまう。
※同第十二章から

金糸雀
行こう

## ストレスを最小限に抑えて積極的な心になる

私たちは、ストレスの多い時代に生きています。ストレスにより、不安、恐れ、怒りなどの感情が引き起こされます。それは心を消極的にするだけでなく、体にも大きな悪影響を与えます。胃潰瘍になったり、高血圧やガンなどもストレスが一因だといわれています。中村天風は、ストレスの身体への影響を最小限に抑える体勢を編み出しました。それが「クンバハカ」です。もともとはインドヨガ哲学の重要な教えで、天風がみんなにわかりやすいように創意工夫を加えました。

私たちは、ストレスを受けたとき、脈拍数が上がり、血圧が上昇し、顔が赤くなったり、汗が出たりします。しかし、クンバハカの体勢を取ることで、身体的な影響を最小限に抑えることができます。例えば、仕事で大きなミスをしたとします。ミスをしたと思った瞬間に、「肛門を締める」「肩の力を抜く」「下腹に力を込める」という3つの動作を同時に行ないます。これが、クンバハカの体勢です。すると、胸がドキドキするなどの身体的な影響を受けずに済むようになり、冷静に物事にあたることができます。

クンバハカは、ストレスから身を守るだけでなく、人間の生命力を最大限に発揮できるようになる体勢です。天風は、日常的にこの体勢を取ることを理想としています。

## 安定打坐《あんじょうだざ》とは？

『運命を拓く』の中には、「安定打坐《あんじょうだざ》」という単語がよく登場します。これは、インドヨガ哲学の「ダーラナ法」を天風が実践しやすいように創意工夫したもの。「無念無心《むねんむしん》」の状態へ導く方法で、天風式座禅法とも呼ばれています。

その方法は、まずは自分が一番長続きする座り方で座って、両手を膝の上に軽く組みます。背筋を伸ばして肩の力を抜き、軽いクンバハカの体勢で気が散らないように目を閉じ、呼吸は静かに深く、心を楽にして何も考えないようにします。こうすることで、雑念や妄念が次々と浮かぶ「多念多心《たねんたしん》」の状態から脱却します。しかし、「無念無心」の境地にたどり着くのは容易ではありません。安定打坐では「無念無心」の前に、心を１つのことに集中させる「一念一心」を目指します。

天風は、「一念一心」に導くために、ブザーや鈴《りん》（※仏具などに使うもの）を用いることを考案しました。安定打坐の体勢を取る中で、同時にブザーや鈴を断続的に鳴らします。その音を集中して聞くことで、だんだん音だけに気持ちが集中していきます。こうして自然に「一念一心」の状態に導かれます。そこから突然音を断ち、無音の状態にします。このとき味わう無音の状態が、「無念無心」の境地です。

## 中村天風の 元気の出る言葉

「今後は実行です。
どんなにわかりにくい道でも、
教わったとおりに歩き出せば、
たとえ迷いながらでも
行くところへは行けます。」

「信念とは、できる事柄を、
でかしてくれる原動力なんだ。
できないことはだれがしてもできないんだ。
だれかができていて、片方ができなかったら、
できているほうが本当で
できないほうが間違っているんだよ。」

# 終章

# 人生を幸福にするには、信念が必要

『運命を拓く』第十三章「一念不動」から

金糸雀
あっ
里子ちゃん
お疲れ様です！

ザッ
ザッ
……
話さなきゃ…
でも…
タイミングが…
ちらっ
にこっ
?
バッ
やっぱり言えな〜い
うう…
……

里子ちゃん
びくっ
はい
はい！
仕事
見つかりそう？
えっ
実は最近
売上が落ちてて
さあ…
バイト代払うの
正直厳しくなって
きたんだよね
はぁ…
！
……
あ…
あのっ…
ん？
ガッ

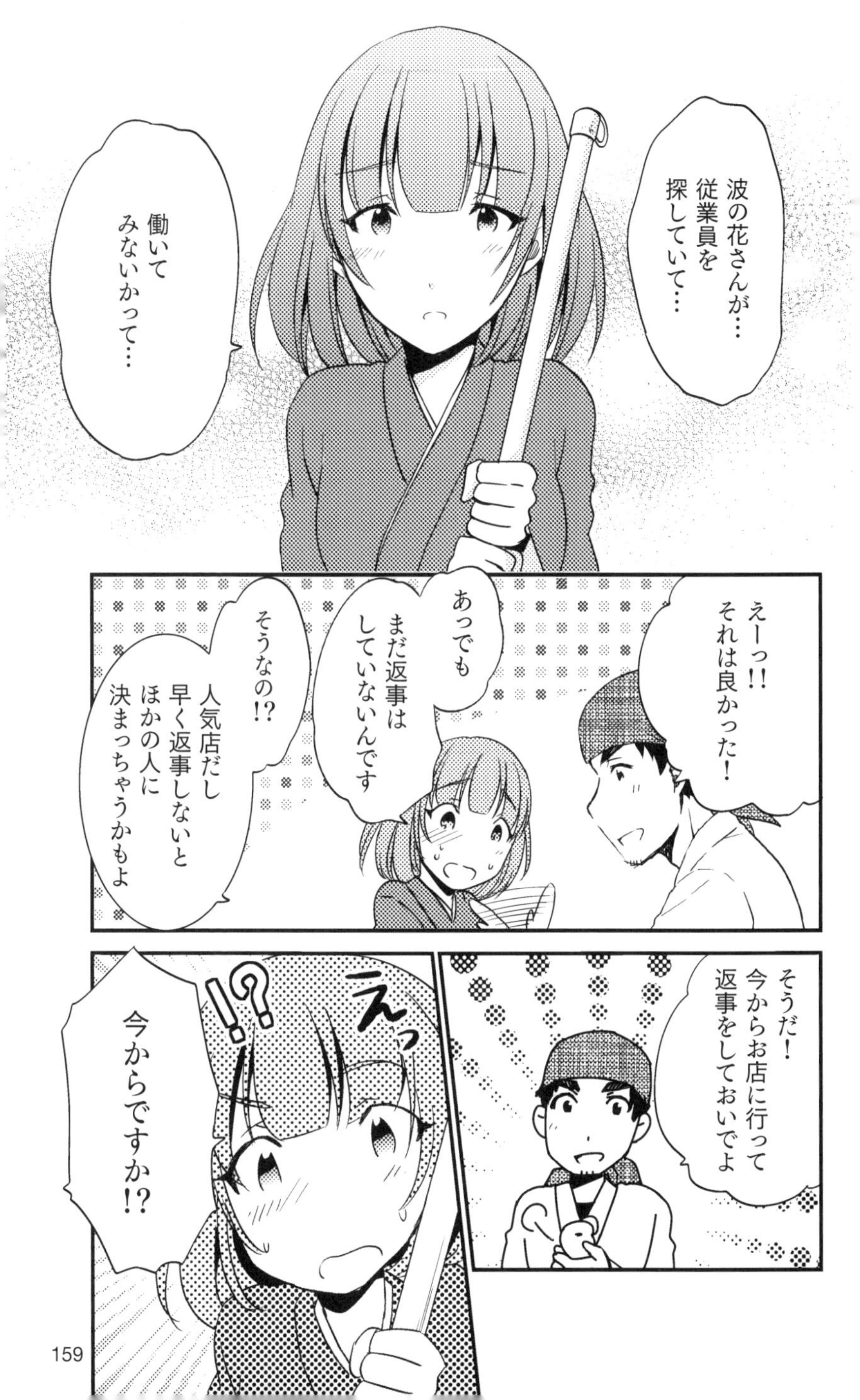
波の花さんが…
従業員を
探していて…
働いて
みないかって…
えーっ!!
それは良かった!
あっでも
まだ返事は
していないんです
そうなの!?
人気店だし
早く返事しないと
ほかの人に
決まっちゃうかもよ
そうだ!
今からお店に行って
返事をしておいでよ
えっ
!?
今からですか!?

善は急げってね
グィ
グィ
グィ
えっえっ?
ほら早く行く行く!
ポイッ
パターンッ
え…
ええ~~っ
ふう
吉岡　由美
里子ちゃん、
辞めるって
言いだせないかも
しれないから、
そのときはよろしくね!

ほ…
うろ
うろ
ほんとにいいのかな…
うろ
波の花
ガラッ
ビ
あらっ
里子ちゃん！
あっ
あっ
あの…！
バッ
ここで働かせてください！

そんなに慌てなくても良かったのに…
ふふっ
宇藤さんがほかの人に決まると困るから早く行ってこいって…
辞めると助かるって感じで
ちょっと寂しかったなあ…
背中を押してくれたのかもよ
えっ?
あ…

ガラッ
おや
御手洗さん！
お疲れ様です
オーナー
ぺこ
オーナー!?
おっ
にこっ

それは
いけませんねぇ
お話をしておく
べきでした
公園を散歩した後
いつもお店に
寄るんですよ
私も
井の頭公園は
よく散歩するのよ
あっ
あれって…
麻由子さん
だったんだ…
トン
トン
トン

私…麻由子さんのようなお店を開きたいんです
見つけましたね
にこっ
自分の希望するところ、
求むるところのものを、
「実現する！　実現する！」
と繰り返し自己自身にいう、
すでに、その求むるところのものを、
半ば以上、自分のものにしたのと
同様の道筋に入ったのである。
※『運命を拓く』第十三章「一念不動」から
理想
理想が具体的な形になったら後はそれに向かって進むだけです
スッ

でも
フフ
道のりは長くて険しいですよ
どんなことがあっても我々は、
断じて、恐怖することなしに、
また変更することなしに、
信念強く、その実現を待たねばならない。
そうすることによって、
その思考することが、
必ずや、
成就実現されることは
間違いないのである。
※同第十三章から
自分の店
行くぞ!
私 あきらめません 絶対に!!

半年後――
波の花
戻りました～！
お帰りなさい
次はサトイモの下ごしらえお願いね
はい！

お久しぶり！
ガラッ
なかなか板についてるね
そうですか？

ひょこっ
ご一緒させてもらいますかね
オーナー！
オーナー!?
蛤のお吸い物です
うまいっ！
私がだしを取ったんですよ
えへへ
すごいじゃない！

自分の
一旦描いた理想は、
一念不動の状態で、
固く固く把持《はじ》して、
変更しないことである。

否！
このことくらい、
人生を幸福にする
原則の中で
必要な原則は
他にないのである。

※同第十三章から

解説

# 『運命を拓く』をもっと深く知る

〈コラム監修〉
公益財団法人天風会 教務委員会 委員長
名古屋大学名誉教授
御橋 広眞

この漫画は『運命を拓く』の教えをベースに作成されています。同著は、中村天風が夏期修練会（人生哲学を学び、心身の積極化を図る行事）で教示した内容をまとめたもので、天風哲学を深く知るためにとても重要な内容となっています。ここでは、漫画本編よりさらに深く、『運命を拓く』の教えを説明していきます。

# Part I 漫画の言葉を深く知る

ここからは漫画に登場した言葉の中から、特に意味が難しく感じられるものをピックアップ。さらに深く解説をしていきます。

**運命というものには二種類ある。どうにも仕様のない運命を天命といい、人間の力で打ち開くことの出来るものを宿命というのである。**

―第1章35ページ

「天命」も「宿命」も辞書を引くと、どちらも自分の力では変えることのできない運命を意味しています。しかし天風は、運命に新たな定義をしました。運命には、人間にとって絶対的な「天命」と、相対的な「宿命」の2種類があるとしたのです。

しかも、運命は「宿命」が大部分だとも説きました。宿命はすべて、自分の経験の中で形作られていったもの。したがって、さらに自分が経験を重ねることにより、自分の力で、新たに展開していくことができます。つまり、運命を拓けるかどうかはすべて、自分自身の力にかかっているると説いたのです。

**常に最高の運命を招くべく、いかなるときにも、すべてを感謝と歓喜に振りかえるよう、積極的な態度を、心に命じて活きるよう努力しよう。**

――第1章43ページ

右3行目に「心に命じて」という表現があります。天風は、心も、体も、自分の本体ではなく、生きていくための道具ととらえました。道具を上手に使いこなすことさえできれば、誰でも人生を幸福に生きることができると説きました。道具としての、心と体の両方を鍛える。これが、中村天風の生み出した「心身統一法」（70ページ参照）です。

例えば、病で体が耐え難いほど痛かったとします。でも、病んでいるのはあくまで体で、心までは病んではいません。しかし、人間は体が病んでいることで心まで病んでしまったり、その逆に、心の悩みで体まで病ませてしまうことがあります。体が病んでいても、どんなときでも心はいつも元気でいられる、それが天風哲学の目指すところです。

潜在意識の状態が実在意識の状態に同化してくるのである。
そして、その結果が気高い言葉、神聖な言葉であり、
いい換えれば、積極的な言葉を表現した場合には、
生命の一切が極めて状態のよい事実になって現われてくる。
けれども、万が一、消極的な、怒り、悲しみ、悶《もだ》え、
迷い、そして悩みが遠慮なく口から出されるという場合には、
もう怖ろしい結果を神経系統の生活機能に与えてしまうのである。

—第2章61ページ

私たちが口にする言葉には、暗示力があります。怒りや悲しみ、迷い、悩みなどの消極的な言葉を発した場合、それが体に悪影響を及ぼしてしまいます。右記の言葉は、心と体、その心と体（肉体）をつなげている神経系統との関係性を説明したものです。

心は、実在意識と潜在意識に分けられます。言葉を発するための思考を行っているのが実在

意識です。実在意識で行われた思考は、同時に潜在意識にも伝わります。この潜在意識は、「心の倉庫」と呼ばれている場所です。積極的な思考をした場合には積極的な思考が、消極的な思考をした場合には、消極的な思考がどんどん蓄積されていきます。

この潜在意識は、体の生命維持をつかさどっている神経系統に影響を与えます。つまり、消極的な思考をすると、肉体に実際的な悪影響を与えてしまうのです。ストレスで体調が悪くなるなどはその典型だといえます。その逆に、積極的な思考をすると、生命がよりいきいきしてくるということです。

ところで、天風は「言霊」的な発想を認めていませんでした。言葉はあくまで人間の思考による産物であり、言葉そのものに魂が宿っているわけではありません。言葉がいい影響を与えたり、悪い影響を与えたりするのは、言葉に魂が宿っているからではありません。言葉を発しているその人自身の思考が、潜在意識にまで届き、それが身体に影響を与えるのです。天風の教えは、霊的な神秘的なものではありません。神様が救うわけではなく、他人が救ってくれるわけでもありません。天風哲学は、自分を救うのは自分自身の心の態度だという、とても力強い教えです。

**心配したり悲観したりする習慣を、**
**習慣とも気づかず、悪い癖とも反省しないで、**
**人間共通の通有性というように、間違えてますますやっていると、**
**人生の光明をどんどん闇にする哀れな気分だけが、**
**人生を支配するようになってしまう。**

―第3章86ページ

心配したり、悲観したり、怒ったりするのは、人間として当たり前の感情、「人間共通の通有性」（共通して備わっている性質のこと）だと多くの人たちは考えています。天風は、それを習慣であり、悪い癖だと説きました。

ほとんどの感情は自分が今まで経験したり、人から聞いたことなどによって形作られていま す。つまり、感情というものは絶対的なものではなく、相対的なものであり、コントロールすることが可能なのです。もちろん、消極的な感情を全く感じなくなるようにはなれません。しかし、消極的な感情が湧き起こっても、それに執着しないようにすることはできます。そうすることにより、前向きな一歩を踏み出すことができ、人生に新たな光を見つけられるのです。

**この世の中や人生には、滅多矢鱈《やたら》に恐ろしいということはありはしない。怖ろしいと思っているのは、自分の心なのである。**

——第3章89ページ

天風は恐怖を「絵に描いたシミのようなもの」と表現しました。つまり、消せばなくなるということです。恐怖を感じているのは自分の心であって、本当に怖いことはそうそう滅多にないというのです。

怖いことはそうそうないという現実がある一方で、恐怖心を抱くことにより、ありもしなかったことが現実に起こってしまう可能性があります。人間の思考には、プラスであれ、マイナスであれ、それを実現に向かわせる働きがあるからです。

**この宇宙創造の源の気を、私の哲学では仮に〝宇宙霊〟と名付けている。これを人々は神といい、天之御中主神《あめのみなかぬしのかみ》と名付け、あるいは如来と呼び、アラーというように、いわゆる神・仏という名を付けたのである。**

―第4章 112ページ

第4章で宇宙霊とは宗教的な神様ではなく、「大自然のエネルギー」だと説明しました（114ページ参照）。天風の言う「宇宙霊」は神秘的な考え方ではなく、非常に科学的な考え方です。このエネルギーは、あらゆる生命や物質、この宇宙全体を構成している大もとであり、進化向上し続ける法則も持ち合わせています。誰かを救ってくれる、人格化された神様ではありません。

しかし、なぜここで神仏という言葉を使っているのか。科学的な考え方が発達する前は、私たちを生み出した生命の源、すべてを超越した存在について、神という表現が多くされていました。宇宙霊は科学的な考え方ではありますが、難しい考え方をしなくてもいいように、天風はあえて神仏という表現をしているのです。天風の教えには、異なるものをすべて排除しようとするのではなく、それを受け入れる大らかさがあります。

**自分の理想は常に、現実のものと同じように、自分の心にはっきりと明瞭に描きなさい。そして、その描いた絵は、決して取り替えないようにしなければいけない。昨日と今日とでは、まったく、形が変わったものにしたのではいけない。**

——第5章 148ページ

「あなたの理想は?」と聞かれると、「ああなればいいなあ」という大まかなイメージを抱く人が多いのではないでしょうか。しかし、天風は、理想ははっきりと明瞭に描く必要があると説きました。例えば、家を建てることをイメージしてみましょう。しっかりとした設計図がないと建てることはできませんし、途中で設計図を変えてしまったら形が崩れてしまいます。

また天風は、不可能だと思えることを目標とするのが最も尊いことだとも説きました。人間は大人になるにつれて、自分の心にリミッターをかけるようになりがちです。「どうせ叶うわけがない」という心のリミッターを外すことで、自分が本来的に持っている力を最大限発揮できるようになるからです。

**理想が楽しければ楽しいほど、何の神様、仏様という信仰を求めなくても、自己自身の人格の全体が、極めて荘厳な事実でちりばめられて、自然に立派なものにされるからなのである。これは、普通の、いわゆる宗教なるものを信仰したときよりも、遥かに現実的な救われを自分自身が知らない間につくられてしまう。**

——第5章150ページ

天風は、何かを叶えてもらうために祈ったり、占いで未来を決めたりする、いわゆる「神頼み」をよしとしませんでした。それは天風自身が病で死の淵をさまよっていたとき、宗教に救いを求めても病が良くなることも、心が救われることもなかったという経験があるからです。

自分を救うのは、自分自身でしかない。自分の力で運命を拓く方法を教えているのが天風哲学です。楽しい理想を抱けるということは、積極的な心で人生に向かっている状態です。それはもう、自分で自分自身を救っているといえるでしょう。だから天風は、宗教的なものを信仰するより、はるかに現実的な救われを作ると説いているのです。

**自分の希望するところ、求むるところのものを、「実現する！　実現する！」と繰り返し自己自身にいう、すでに、その求むるところのものを、半ば以上、自分のものにしたのと同様の道筋に入ったのである。**

——終章165ページ

明確な理想を持っている人、さらに、その理想に対して「実現させる！」と心の炎を燃やして生きている人は果たしてどれぐらいいるでしょう。理想が見つからない、情熱を持って前に進めないと悩んでいる人の方が圧倒的に多いでしょう。

自分のやりたいこと、理想を見つけることは、なかなか難しいことです。そんな中で、自分の理想を明確に持ち、しかも「実現する！」という強い信念が持てるようになれば、それはすでに、「半ば以上、自分のものにした」（右3行目）と言っていいでしょう。

# Part II 天風哲学が凝縮された「誦句」を知る

天風哲学の理解をさらに深くするために、知っておきたいのが「誦句《しょうく》」。誦句とは、中村天風が自身の人生哲学のエッセンスを伝えるために、短いシンプルな言葉にまとめたものです。「運命」「理想」「勇気」などの題材があり、『運命を拓く』には17の誦句が収録されています。ここでは、漫画で取り上げた『運命を拓く』の内容と呼応している9つの誦句を紹介し、その意味を解説します。

## 自分で自分の心に暗示をかけて、積極的な心へと導く

中村天風は、誦句のことを「暗示誦句」と呼んでいました。誦句を唱えることで、自分で自分の心に暗示を与えて、積極的な心に導くことができるからです。心を「積極的」に導くための、天風の悟りの言葉がいっぱい詰まっている誦句。天風は、この誦句を毎日読むことをすすめています。消極的な心になりがちな私たちの気づきを生むからです。

誦句はもともと「夏期修練会」で教示されていました。夏期修練会とは、心身統一法（70ページ参照）を学ぶための天風会の恒例行事。天風の講話を聞き終わり、心が落ち着き整った後に、最後に参加者全員で誦句を唱えるという流れになっていました。誦句を、生活の中でどのように使うかは自由です。しかし、心の落ち着いた状態で読む、声に出して読んだ方が、より言葉が心に届きやすくなるとはいえるでしょう。

## 天風の人間と生命に対する直観は哲学的であり、科学的でもある

誦句の中には、「宇宙の神霊」「宇宙霊」などという言葉が登場します。第4章では、「大自然のエネルギー」だという説明をしました（114ページ参照）。

天風は学者として研究をしたわけではありませんが、なぜ私たち人間が存在しているのかについて、科学的にも納得できる答えを出しました。天風は学術的なアプローチをするのではなく、自身の体験を通じて、そのことを直観したのです。私たち生命が存在している理由は、それを生み出すエネルギー、「気」のようなものが存在しているからだ。そして、そのエネルギーは、生命を持続・発展させていくためのある法則に則って活動している。天風はこの宇宙にあるエネルギーを、「宇宙霊」と表現しました。

人間もこの大自然のエネルギーの一部分から造られています。人間に本来的に備わっているこのエネルギーを正しく使えば、誰かに救いを求めなくても、自分自身の力で苦難を乗り越えることができるのです。

次のページから、漫画の各章に対応する誦句を紹介していきます。

## 「人生と運命」

### 今生きていることに感謝することで、苦難は必ず乗り越えられる

第1章では、『運命を拓く』の中から「人生と運命」を取り上げました。その内容に呼応している誦句は、左記の「運命の誦句」です。1行目に、「宇宙の神霊」という言葉が出てきますが、これは先に説明した通り、宗教的な神様のことではありません。私たちを含めたこの世界の自然、この宇宙全体を創っているエネルギーのことです。天風は、「感謝と歓喜の感情をより多くもてば」（左の誦句4～5行目）、このエネルギーを多く受け取ることができると説いています。

では、「感謝と歓喜」とは何か？　それは、今生きていることに感謝して喜びを感じるということです。私たちは普段、生きていることを当たり前のことだと思っています。しかし、人間は、自分の力でこの世の中に生まれてきたわけではありません。苦労や悩み、病気など、人生に「どんなことがあっても」（左の誦句7行目）、この世に生をうけ、今現在生きているということに感謝していくと、その先には必ず喜びと感謝、笑える毎日がやってくると説いているのです。

人間はトラブルに直面したとき、怒りや悲しみ、恐れなどの消極的な感情を感じます。その

感情を感じなくすることはできませんが、その感情にいつまでも執着せずに、乗り越えることはできます。天風は誦句を通じて、その大切さを説いています。

## 運命の誦句

およそ宇宙の神霊は、人間の感謝と歓喜という感情で、その通路を開かれると同時に、人の生命の上に迸《ほとばし》り出でようと待ち構えている。
だから、平素出来るだけ何事に対しても、感謝と歓喜の感情をより多くもてば、宇宙霊の与えたまう最高のものを受けることが出来るのである。
かるがゆえに、どんなことがあっても、私は喜びだ、感謝だ、笑いだ、雀躍《こおどり》だと、勇ましく潑剌《はつらつ》と人生の一切に勇往邁進《まいしん》しよう。

## 「言葉と人生」

### 言葉には自分にも、相手にも、絶大なる影響を与える暗示力がある

第2章では、『運命を拓く』の中から「言葉と人生」を取り上げました。その内容に呼応している誦句は、左記の「言葉の誦句」です。天風は、言葉の暗示力は絶大であると考えました。人間の心は、言葉に影響を受けるようにできている。自らが発した言葉によって、感情が生まれ、さらにその感情から言葉が生まれる。そうやって、だんだん自分自身の人生が作られていくと考えたのです。

天風は、怒りや悲しみ、恐れなどの消極的な感情が湧いたとき、それを言葉として発してはいけないと説きました。消極的な言葉は、自分自身にマイナスの暗示をかけてしまうというのです。運命を拓くためには、消極的な言葉を使わず、積極的な言葉を使って生きることが必要。そう生きることが、宇宙の、自然の摂理にかなっているとしたのです。

この誦句は自己への暗示力について語っていますが、言葉の暗示力は自己と他人との間にも存在します。例えば典型的なのが、病人へのお見舞いの言葉。私たちは病人に対して、「本当に大変ね。さぞかしおつらいでしょう」などと同情をしがちです。しかし、天風は過度の同情は

禁物だと説いています。同情という消極的な言葉を発することにより、相手にも、自分自身にも消極の暗示をかけ、悪影響を与えてしまうからです。自分にも、相手にも、積極的な言葉を使うようにすることが大切です。

## 言葉の誦句

私は今後かりそめにも、我が舌に悪を語らせまい。
否、一々我が言葉に注意しよう。
同時に今後私は、もはや自分の境遇や仕事を、消極的な言語や、悲観的な言語で、批判するような言葉は使うまい。
終始、楽観と歓喜と、輝く希望と潑剌《はつらつ》たる勇気と、平和に満ちた言葉でのみ活きよう。
そして、宇宙霊の有する無限の力を我が生命に受け入れて、その無限の力で自分の人生を建設しよう。

# 「勇気と不幸福撃退」

## 不幸は自分自身の消極的な心が生み出す

第3章では、『運命を拓く』の中から「勇気と不幸福撃退」を取り上げました。その内容に呼応している誦句は、190～191ページにある「不幸福撃退の誦句」と「勇気の誦句」です。まずは「不幸福撃退の誦句」から。誦句の中で、「撃退」と銘打たれているのは、この誦句と今回この本では紹介はしませんが「恐怖観念撃退の誦句」の2つだけです。天風は、それだけ強い気持ちで不幸は心から追い出さなければならないものだと説きました。不幸というのは、どこかからやってくるものではなく、自分自身の消極的な心が生み出すもの。不幸を生み出すような考え方をしてはならないということです。

また、「宇宙霊なるものの心の中には、真善美以外に、心配や悲観というような心持ちは夢にもない」（190ページ6～8行目）という箇所。宇宙霊というのは、古くなったものを破壊し、さらに新しいものを建設するという新陳代謝を繰り返しながら、進化と向上を続けているエネルギーです。そのエネルギーは良きものでしかあり得ない。天風は、このエネルギーの本質は真善美にあると直観しました。そして、そのエネルギーから造られている私たち人間にも、真善美が備わっていると考えたのです。
　では、真善美とは何か。「真」とは、わかりやすく言い換えると「誠」のこと。偽り取りつくろうことのない純粋な心のこと。「善」とは、「愛」。恨みや憎しみの気持ちなどの感情が一切ない愛する心のこと。そして「美」とは、「調和」。自分のことだけを考えるのではなく、他の人々はもちろん、あらゆる自然世界の創造物と調和し、ともに歩もうとする心です。なぜ人間が万物の霊長といわれるのか。それは人間だけが「真善美」の心を生まれながら持っているからだと、天風は断言するのです。
　次に「勇気の誦句」です。勇気は、積極的な心を作るための火種のような存在。天風は、勇気の欠如は判断力を誤らせてしまうと説きました。人間の心の力の「圧力を高める」（191ページの「勇気の誦句」3行目）というのはとても天風らしい表現です。先にも述べた通り、天風は、心も、体も、自分の本体ではなく、生きていくための道具と考えました。
　心の圧力を高めるのに必要なのは、胆力《たんりょく》の鍛錬です。それを鍛える方法の1つが、ヨガの密法をベースにした「クンバハカ」（152ページ参照）。積極的な心になるためには、容易に物事に動じない強くしなやかな心を作ることが必要です。

# 不幸福撃退の誦句

私はもう何事が自分の人生に発生しようと、決していたずらに心配もせず、また悲観もしないように心がけよう。それはいたずらに心配したり悲観したりすると、すればするほどその心配や悲観する事柄が、やがていつかは事実となって具体化してくるがゆえである。

神仏と名づけられている宇宙霊なるものの心の中には、真善美以外に、心配や悲観というような消極的な心持ちは、夢にもない。私はその宇宙霊の心と通じている心をもつ万物の霊長たる人間である。したがって私がこの自覚を明瞭にした以上は、下らぬことに心配したり、悲観したりする必要はさらにない。

人はどこまでも人としての面目を発揮せぬと、人間の、第一つらよごしである。

人間が人間らしくあるときにのみ、人間の恵まれる幸福を享《う》け得る。

だから私は　宇宙霊の心と宇宙霊の力に近寄るために、心配や悲観という価値なきことを断然しないことにする。そして真理に則した正しい人生に活きよう。

## 勇気の誦句

自分はこの世に作られたものの中で、一番優秀な霊長といわれる人間ではないか。しかも人間の心の力は、勇気というものでその圧力を高めるのが、人の生命に与えられた宇宙真理である。

だから今日からの自分は、いかなる場合にも断然勇気を失うことなく、特に自己の本能や感情の中で、自他の人生を泥ぬるがごとき価値なき低劣な情念が発生したら、それに立派に打克ち得る強い心を作るために、大いに勇気を煥発《かんぱつ》することに努めよう。

そうだ。

終始一貫、勇気、勇気、勇気で押し切るのだ。

## 「生命の力」＆「人生を支配する法則」

### 人間は運命を拓く力を持っている

第４章では、『運命を拓く』の中から「生命の力」と「人生を支配する法則」を取り上げました。その内容に呼応している誦句は、１９４～１９５ページにある「力の誦句」と「思考作用の誦句」です。まずは「力の誦句」から。この誦句は、天風の悟りの出発点といえるものです。天風は「人間は力の結晶だ」と悟りました。人間は宇宙の存在そのものを生み出した、エネルギーの一部から生み出された。そうであれば、人間の中にもそのエネルギーの一部がある。そのエネルギーは、あらゆるすべてのものに打ち克つことのできる力であると、天風は直観しました。

しかし、人間は苦しみや悲しみなどを心に経験しながら成長することによって、心が消極的になり、自分が「力の結晶」（１９４ページ2行目）であることを忘れてしまっています。天風は、この誦句を唱えることで、人間は力だという原点に立ち返れと説いているのです。

### 大自然のエネルギーは常に「公平」に働いている

次に「思考作用の誦句」について説明をします。ここで表現されているのは、大自然のエネルギー（114ページ参照）は「公平」（195ページ4行目）に働くということです。例えば、宗教の神様は、すべての人々に対して「平等」、つまり等しく同じに扱います。しかし、大自然のエネルギーは公平に働くのであり、神様の平等とは違います。「公平」とは何かについて、「大学入試」を例に考えてみましょう。大学入試は基本的に、誰でも希望する大学の試験を受けられるチャンスがあります。しかし、試験を受けたからといって、誰でも入学できるわけではありません。一定の点数を取ることができた人だけが入学できます。門戸は誰にでも等しく開かれているけれど、その門をくぐるには一定の条件をクリアしなければならない。それが「公平」です。大学は、一生懸命勉強をして合格点を取った人のみに門戸を開きます。それと同様に、大自然のエネルギーは積極的な心を持った人のみに、その力を降り注ぐのです。

この地球はもちろん、宇宙全体は、常に進化と向上の法則により動いています。大自然のエネルギーは進化と向上をし続けるために、古いものを破壊し、新しいより良いものを建設し続けているのです。人間の消極的な思考は、決して進化と向上には向かいません。積極的に思考する場合のみ、進化と向上の法則にかないます。だからこそ、宇宙の摂理は、積極的な心で思考した事柄にのみ、「公平に」力を貸すのです。

## 力の誦句

私は、力だ。
力の結晶だ。
何ものにも打ち克《か》つ力の結晶だ。
だから何ものにも負けないのだ。
病にも、運命にも、
否、あらゆるすべてのものに打ち克つ力だ。
そうだ！
強い、強い、力の結晶だ。

## 思考作用の誦句

我は今、宇宙霊の中にいる。
我はまた、霊智の力とともにいる。
そもそも宇宙霊なるものこそは、万物の一切をより良く作り更《か》えることに、常に公平なる態度を採《と》る。
そして、人間の正しい心、勇気ある心、明るい心、朗らかな心という積極的の心持ちで思考した事柄にのみ、その建設的なる全能の力を注ぎかける。しかりしこうして、かくのごとくにしてその力を受け入れしものこそは、またまさしく力そのものになり得るのである。

# 「理想と想像」

## 想像力には人生を幸福にする作用と不幸にする作用がある

第5章では、『運命を拓く』の中から「理想と想像」を取り上げました。その内容に呼応している誦句は、198～199ページの「想像力の誦句」と「理想の誦句」です。天風は講話をするとき、この2つの誦句を必ずセットで用いていました。想像力が積極的に発展した形が理想となり、理想は想像力から作られているといえるからです。

天風は、想像力には自分の描いた通りの世界に導いていく力があると説きました。人間の想像力には、人生を建設して幸福にする作用と、人生を破壊して不幸にしてしまう作用があります。「想像力の誦句」は、想像力の建設的な側面を語ったもの。先に紹介した「不幸福撃退の誦句」（190ページ参照）は、想像力の破壊的な側面を語ったものです。

この想像力の作用を「正確に応用すれば」（198ページ6行目）、幸福へのよき案内者を作ったのに等しいと天風は説きました。正確に応用するとはどういうことなのか。それは、「理想の誦句」にある、「高潔な理想を心に抱く」（199ページ6～7行目）ということを指しています。

## 人の役に立つような理想を抱かないと実現しにくい

では、「高潔な理想」とは一体どのようなものでしょう。「お金持ちになりたい」「名声がほしい」などという自分本位な考え、私利私欲に満ちたものは高潔とは程遠い考え方。何らかの形で人の役に立つ、人類の進化・向上に寄与できるようなものが「高潔な理想」です。

そう言われると、とても難しいことのように感じるかもしれません。しかし、自分自身で自覚をしていなくても、結果的に人の役に立つことはたくさんあります。

例えば、漫画の主人公の里子は「自分のお店を持ちたい」という理想を持ちました。一見自分勝手な欲望のようにも思えますが、そのベースには、おいしいお酒と料理を出して、お客さんを喜ばせたいという思いがあります。結果的に何らかの形で人の役に立つ、そのような理想を抱くことが必要で、そのような理想でないと実現しにくいと天風は説いています。

# 想像力の誦句

私は今正に喜びと感謝に満たされている。それは宇宙霊は人間の心の中に、想像という特別の作用を賦与《ふよ》して下されているからである。そして宇宙霊は、常に我々を我々の想像する観念どおりの世界へと、真実に導き入れるべく、その準備を尽されている。

だから心して想像の作用を正確に応用すれば、それはとりもなおさず、幸福の楽園へのよき案内者を作ったのと同様である。かるがゆえに、私は能《あた》うかぎり可能的で高級なる想像の絵を心に描こう、はっきりと明瞭に、ただしどんなことがあっても、夢にも自分の生命を腐らし泥ぬるような価値のないことは想像するまい。

そして宇宙霊の定めた約束どおり、その想像の中から正しい人生設計を現実化する気高い理想を作り上げよう。

# 理想の誦句

人の生命は常に見えざる宇宙霊の力に包まれている。
したがって、宇宙霊のもつ万能の力もまた、我が生命の中に当然存在しているのである。
ゆえに、いかなる場合にも、またいかなることにも、怖れることなく、また失望する必要はない。
否、この真理と事実とを絶対に信じ、恒《つね》に高潔なる理想を心に抱くことに努めよう。
さすれば、宇宙真理の当然の帰結として、必ずや完全なる人生を作為される。
今ここにこの天理を自覚した私は、何という恵まれた人間であろう。
否、真実、至幸至福というべきである。
したがって、ただこの上は無限の感謝をもってこの真理の中に安住するのみである。

# 「一念不動」

## 今までの誦句の総決算

終章では、『運命を拓く』の中から「一念不動」を取り上げました。その内容に呼応している誦句は、202～203ページの「一念不動の誦句」です。この誦句は、今までの誦句の総決算的な意味合いを持つ誦句といえます。

消極的な心の態度を積極的なものに変えるための心と体の訓練方法を教えるのが、天風哲学です。この誦句の中にあるように、心を積極的にし、心を信念と勇気で満たし、いつも正義の言葉を使い、自分自身の中に力があることを信じ、そして理想を具体的に心に描いてそれを変えずに前に進む――。そのことをしっかりと決意し、心の態度を不動なものにしようと説いています。

## 天風はみんなの人生を温かく照らす

203ページの8行目に、「あの大岩の上に屹然《きつぜん》として立つ灯台のように」という言葉があります。どんなに大きな荒波が来ても、それを耐え、屹然と立ち続けて航海する者に灯をともし導く灯台。それは、あらゆる苦難を乗り越えてきた天風自身の姿を現しています。

灯台の明かりは、航海に迷わないように船を明るく照らし続けます。当時、天風のもとに集った人々は、中村天風という存在とその教えである天風哲学を道標《みちしるべ》として、病を克服したり、運命を切り拓いていきました。そして今現在も、天風哲学を人生の指針としている人たちがたくさんいます。この誦句の言葉には、今度はその人たちが、周囲の悩める人々に対し、迷いから抜け出すための正しい方向を指し示すことができるような存在になってほしいという、天風の願いも込められているのです。

「屹然と立つ灯台」とは、天風の教えに導かれながら、自分自身の力で困難を克服して、人生の幸福をつかんだ人々の姿でもあります。

# 一念不動の誦句

私は、私の求むるところのものを、最も正しい事柄の中に定めよう。
そして、それをどんなことがあっても、動かざること山のごとき磐石《ばんじゃく》の信念と、脈々として流れ尽きざる、あの長い川のごとく、一貫不断《いっかんふだん》の熱烈なる誠をもって、その事柄の実現するまで、いささかも変更することなしに、日々、刻々、はっきりと、心の中に怠りなく連想していこう。ちょうど、客観的に看察《かんさつ》するがごとくに……。
私は、もはや、消極的の思想や観念やまたは暗示に感じない。
また、そうしたものは、私を動かすことは出来ない。
私は断然そうしたものより、より以上のものである。
私は、もはや、あらゆる人生の中の、弱さと小ささとを踏み越えている。

そして、私の心は、今、絶対に積極的である。
おおそうだ、私の心は勇気と信念とで満ち満ちている。
したがって私の考え、私の言葉、それはいずれも颯爽《さっそう》とし、いつも正義である。
だから、私には、人生のあらゆる場面に奮闘し得る、強い強い力が溢《あふ》れているのだ。
そして、私の人生は、どんな人の世の荒波に脅《おびや》かされても、あの大岩の上に屹然として立つ灯台のように、平静と、沈着と、平和と、光明とに、輝き閃《ひら》めいているのだ。

# おわりに

私が天風哲学に出会ったのは、父が天風会の講師と賛助会代表を務めさせていただいていたご縁からでした。14冊のビジネス書を書き、作家&講演家として仕事をする私は、いつしか知らず知らずに天風哲学の影響を受けていました。

父が天寿をまっとうし天国へ旅立った後に実家へ帰ると、父の机の上にたくさんの天風本と講演用のノートが整然と置いてあることに気づきました。

それはまるで、私への伝言であったかのように。

その後、あさ出版より本書企画の話があり、打ち合わせに伺った天風会館で、天風会教務委員長の御橋広眞さん、理事の大久保信彦さん、事務局の北村知之さんとお会いした時、全員父と深いご縁があった方ばかりと知り、偶然を超えた目に見えない力の存在を感じました。

本書は、数ある中村天風関連の本の中でも、最も本質が集約されながら難解と言われていた、『運命を拓く』を、漫画という手法で誰にでもわかりやすく表現した画期的な作品です。漫画自体も、現代に生きる等身大の女性が、悩みながら周りの人たちの愛と天風の教えで成長していくという、共感あふれるストーリーになっていきます。巻末には、現代で言うアファメーション「誦句」の、これまでにないわかりやすい解説も付いていますので、従来の中村天風ファンにも十分満足いただける出来栄えとなっています。

「天風哲学を学んだおかげで、体も丈夫になり、商売も繁盛し、順風満帆な人生になりました」という声ではなく、「どんな苦しいことがあっても憂《う》いことがあっても、それに負けなくなり、心が全然昔と違ってきて幸福になれました」という声を尊ぶところに、従来のプラス思考とは違う天風哲学の面目があると私は思います。

主人公の里子が天風哲学に触れ、自らの人生というドラマの主人公として舵を切った後の物語の続きが読みたくなったのは、私だけではないはずです。

本書によって、日本が世界に誇る哲人中村天風の教えにたくさんの人が出会い、世界がより良く進化する一助になりますことを心より祈っております。

監修／感動プロデューサー　平野秀典

『まんがでわかる　中村天風の教え』監修

## 「公益財団法人 天風会」の紹介

天風会は、人間が本来生まれながらにもっている「いのちの力」を発揮する具体的な理論と実践論である「心身統一法」を普及啓蒙している公益法人です。

創立は大正8年（1919年）、中村天風（1876-1968）が自らの体験と研究の成果を辻説法という形で人々にうったえかけたことが会の始まりです。昭和37年に国より公益性が認められ厚生省（当時）許可の財団法人となり、平成23年に内閣府認定の公益財団法人に移行しました。平成31年（2019年）には創立100周年を迎えます。

全国各地に賛助会を組織し、誰でも気軽に参加できる講習会・行修会など各種セミナーを定期的に開催。また、中村天風の著作や「心身統一法」の解説本などの発行・販売も行っています。

〒112-0012　東京都文京区大塚5-40-8 天風会館
TEL：03-3943-1601 ／ FAX：03-3943-1604
URL：http://www.tempukai.or.jp/
E-mail：info@tempukai.or.jp

製作スタッフ

編集協力　株式会社書樂
http://www.sho-raku.jp
構成・執筆　滝ヶ平真佐子（株式会社書樂）
本文デザイン　提箸圭子

取材協力

善知鳥《うとう》（東京都杉並区）
半吉（東京都杉並区）

〈参考文献〉
『運命を拓く　天風瞑想録』（中村天風著／講談社）
『成功の実現』（中村天風述／日本経営合理化協会出版局）
『盛大な人生』（中村天風述／日本経営合理化協会出版局）
『心に成功の炎を』（中村天風述／日本経営合理化協会出版局）
『中村天風「心身統一法」解説　健康と幸福への道』（安武貞雄編著／公益財団法人天風会）
『成功への実践』（尾身幸次著／日本経営合理化協会出版局）
『幸福なる人生　中村天風「心身統一法」講演録』（中村天風著／PHP研究所）
『君に成功を贈る』（中村天風述／日本経営合理化協会出版局）
『天風入門』（南方哲也編著、公益財団法人天風会監修／講談社）
『心が強くなる言葉』（中村天風著、公益財団法人天風会監修・構成／イースト・プレス）
『成功へ導く言葉』（中村天風著、公益財団法人天風会監修・構成／イースト・プレス）
『中村天風一日一話』（公益財団法人天風会編／PHP研究所）
『ほんとうの心の力』（中村天風著、公益財団法人天風会監修／PHP研究所）

**原 作** **さとうもえ**
ライター、編集者、漫画原作者。いくつかのペンネームを持ちながら、多彩なジャンルで活躍をしている。著作に『まんがで学ぶ　世界の宗教』（あさ出版）、『北海道民のオキテ』（KADOKAWA）ほか多数。

**まんが** **鈴本彩**（すずもと・さい）
漫画家、イラストレーターとして多方面で活躍。最近は人気ソーシャルゲームのキャラクター製作などにも活動の範囲を広げている。

**監 修** **公益財団法人 天風会**（こうえきざいだんほうじん てんぷうかい）
天風会の紹介は206ページに掲載しています。

**監 修** **平野秀典**（ひらの・ひでのり）
感動プロデューサー®、公演家、作家。一部上場企業のビジネスマンの傍ら、「演劇」の舞台俳優として10年間活動。その経験から独自の感動創造手法を開発。日本で唯一の感動プロデューサー®として全国の企業へ講演指導を行い、心が持つ可能性を伝え歩いている。父親が天風会講師や賛助会代表をしていた関係から、幼少のころから天風哲学の影響を受け、成功哲学や心の可能性に関心を抱くようになる。著書は、『ドラマ思考のススメ』（あさ出版）、『感動の創造 新訳中村天風の言葉』（講談社）他国内14冊、海外翻訳11冊。
●平野秀典公式サイト　https://www.kandou-gift.com
●メールマガジン（週刊無料配信） https://www.mag2.com/m/0000118235.html

Business ComicSeries　まんがでわかる　中村天風《なかむらてんぷう》の教《おし》え　〈検印省略〉

2016年 10 月 27 日 第 1 刷発行
2024年 8 月 26 日 第 28 刷発行

原 作――さとうもえ
まんが――鈴本 彩
監 修――公益財団法人 天風会／平野 秀典
発行者――田賀井 弘毅

発行所――株式会社あさ出版
〒171-0022 東京都豊島区南池袋 2-9-9 第一池袋ホワイトビル 6F
電 話 03 (3983) 3225 (販売)
03 (3983) 3227 (編集)
F A X 03 (3983) 3226
U R L http://www.asa21.com/
E-mail info@asa21.com

印刷・製本 (株) 光邦

note http://note.com/asapublishing/
facebook http://www.facebook.com/asapublishing
X http://twitter.com/asapublishing


ISBN978-4-86063-923-5 C2034